VENUS PUBLISHING CO.
金星出版
命理生活新智慧・叢書
U0084306

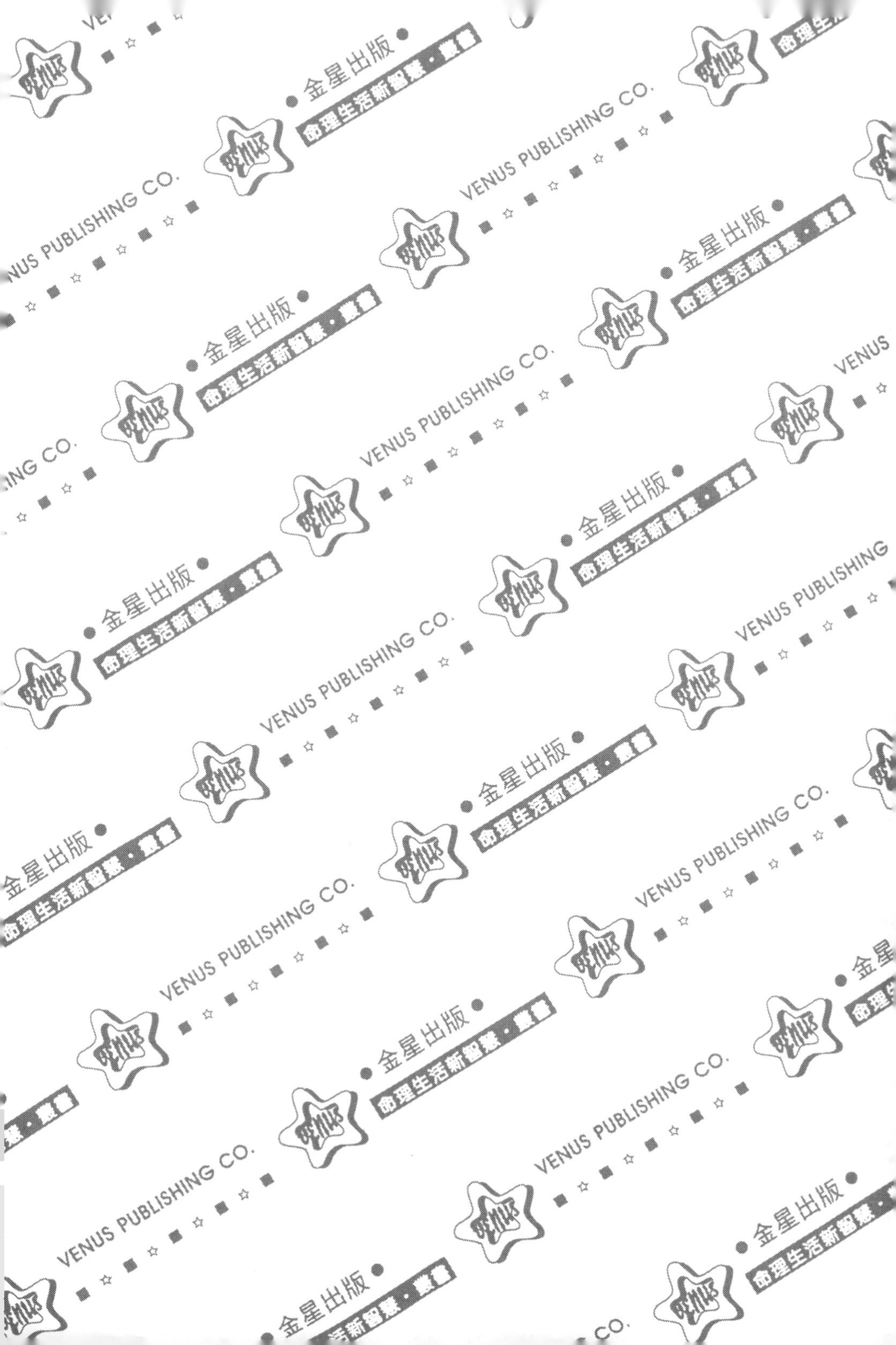
金星出版
命理生活新智慧・叢書
VENUS PUBLISHING CO.

命理生活新智慧・叢書 48-2

紫微斗數全書

《全新修訂版》

陳希夷◎著

法雲居士⊙彙編

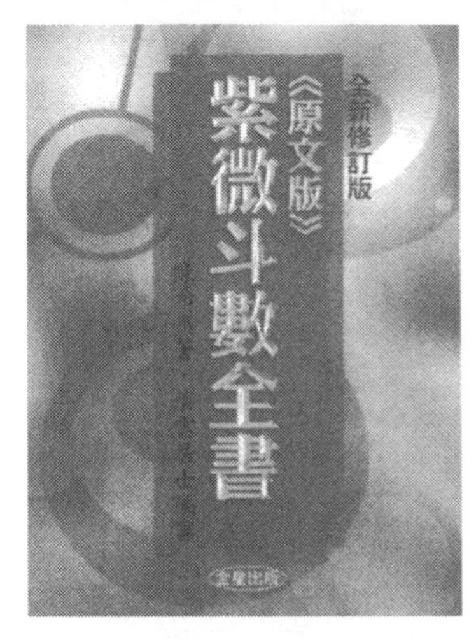

金星出版社 http://www.venusco555.com
E-mail: venusco555@163.com
venusco997@gmail.com
法 雲 居 士 http://www.fayin777.com
E-mail: fayin777@163.com
fatevenus@yahoo.com.tw
法雲居士⊙著

金星出版

國家圖書館出版品預行編目資料

紫微斗數全書《修訂二版》／法雲居士著，
--臺北市： 金星出版：紅螞蟻總經銷，
2011年1月 全新修訂版； 面 ；公分—
（命理生活新智慧 叢書；48-2）

ISBN 978-986-6441-29-5 （平裝）

1.紫微斗數

293.11 99022024

紫微斗數全書《原文版》《全新修訂版》

作　　者：法雲居士
發 行 人：袁光明
社　　長：袁光明
編　　輯：王璟琪
總 經 理：袁玉成
地　　址：台北市南京東路三段201號3樓
電　　話：886-2-23626655
傳　　真：886-2-23652425
郵政劃撥：18912942金星出版社帳戶
總 經 銷：紅螞蟻圖書有限公司
地　　址：台北市內湖區舊宗路二段121巷19號
電　　話：(02)27953656(代表號)
網　　址：http://www.venusco555.com
E-mail：venusco555@163.com
venusco997@gmail.com
法雲居士網址：http://www.fayin777.com
E-mail：fayin777@163.com
fatevenus@yahoo.com.tw

版　　次：2011年1月出版　2023年1月加印
登 記 證：行政院新聞局局版北市業字第653號
法律顧問：郭啟疆律師
定　　價：300元

行政院新聞局局版北字業字第 653 號

ISBN :978-986-6441-29-5 （平裝）

法雲居士序

這本『紫微斗數全書』（原文版），原本坊間已有許多版本。也早已有許多出版社已出版過此書。因為敝作『紫微斗數全書詳析』加批命篇，共有四冊書籍，專作此『紫微斗數全書』的翻譯和解釋的工作，並改正其謬誤的部份。有許多讀者來電話說：我們只看到解釋，卻不知原文的景象如何？所以出版社又商請我幫此書校稿、編審原文的錯字、和改正小字註釋的部份。

這本『紫微斗數全書』原本就是搜集各種各代後人所齊集的文章字句，所形成的一本書。也是經由後人不斷添加解釋的一本書。常由於各人體會的不同、看法的不同，而解釋、註釋有所不同。

紫微斗數一書，原載在『續道藏』之中，屬於道教的書。原有三卷。書有宋陳博撰（字希夷），其實為後人假托所作。紫微斗數是星命術的一種，早期分南北派。二派不但在十二命宮的排列順序有所不同，而且推算方法也不相同。目前現代流行的紫微斗數是南派。北派已早不復存。而且早期南派以前稱十二宮的名稱和現代也不一樣。早期稱十二宮為命宮、助宮、偶宮、嗣宮、財宮、疾宮、行宮、輔宮、官宮、宅宮、福宮、采宮。現代稱十二宮為：命宮、兄弟宮、夫妻宮、子女宮、財帛宮、疾厄宮、遷移宮、僕役宮、官祿宮、田宅宮、福德宮、父母宮。南派紫微斗數是講求實際斗數方法的。徐良弼的『十八飛星策天紫微斗數』為北派的紫微斗數，和我們現今所取用的南派紫微斗數在算法和星曜順序、十二宮順序都不一樣。

現代紫微斗數已進入科學電腦的時代，可以說北派的紫微斗數是初期的紫微斗數，已遭時代所淘汰。目前的紫微斗數已完全進入一個全新的、科學化的時代，對於現代人在時間上的掌握非常精準。而且由於現代紫微方家的努力，更使時間的關鍵性進入分鐘的準確階段，是其他八字命理、奇門遁甲、九宮等方術學所不能及的。故此本『紫微斗數全書』的再印製，可使讀者對照詳析四冊書的解釋，更加的明瞭『紫微斗數』的奧秘，也會更清楚紫微斗數在進化過程中去蕪存菁的過程，檢視出古人牽強附會、假託之中的誤謬。因此這本『紫微斗數全書』的再出版，是有助於大家更瞭解紫微斗數的精華所在，與紫微斗數的科學精神的。也更感念古人留下這一套命理學問來幫助現代人生活更圓滿、圓融。

法雲居士　謹識

明代羅洪先序

嘗聞命之理微，鮮有知之真而順受之者。余謂功名富貴有命存焉，遂捐厥職，訪道學者，以爲之宗行。抵華山下，詢知　希夷公，曾得道於茲矣！因陟其巔，謁其祠。將返見一道者，年須弱冠，態度老誠遂進禮，承出書示予。予問之曰：希夷公紫微斗數集也。始觀排列星辰，猶不省其奧空。既讀其論，論則有道理。玩其斷，斷則有神驗。即以賤降試之，果毫髮不爽。於是喟然嘆曰：造化至玄，而闡明之。若對鑑焉。非心涵造化能之乎？星辰至遠，而指視之。若運掌然，非胸藏星斗者能之乎？天位乎上，地位乎下。而人則藐然於中者。先生則以天合之人，人合之天，即星辰之變化，而知人命之休咎。是非學貫天人而一之者，又孰能之乎猗歟！休哉。先生真高人也，神人也。不然胡爲乎，而有是高志。又胡爲乎。而有是神數也。予乃捧持之，遍示天下，俾世之人，知有命而順受之可也。胡乃祖作之，而子秘之。則繼述之道安在哉！請志予言，以弁是書之首，時陳子去希夷公，一十八代，諱道號了然，年方二十有六　時

嘉靖庚戌春三月既望之吉賜進士及第吉水　羅洪先撰

命理生活叢書 48-2

紫微斗數全書《修訂二版》

目錄

太微賦

（此文解釋在『紫微斗數全書詳析上冊』第9—20頁）

斗數至玄至微，理旨易明，雖設問於百篇之中，猶有言而未盡。至如星之分野各有所屬，壽夭賢愚富貴貧賤不可一概論議。其星分布一十二垣數，定乎三十六位，入廟為奇，失度為虛。大抵以身命為福德之本，加以根源無窮通之資。星有同纏，數有分定，須明其生尅之要，必詳乎得垣失度之分。觀乎紫微舍纏，司一天儀之象，卒列宿而成垣，土星苟居甚垣、若可動移。

金星專司財庫，最怕空亡。帝居動則列宿奔馳，貪守空而財源不聚，各司其職，不可參差。苟或不察其機更忘其變，則數之造化遠矣。

例曰祿逢沖破吉處藏凶，馬遇空亡終身奔走。生逢敗地發也虛花，絕處逢生花不敗。星臨廟旺再觀生尅之機。

命生強宮細察制化之理。日月最嫌反背，祿馬最喜交馳。倘居空亡得失最為要緊，若逢敗地扶持大有奇功，紫微天府全依輔弼之功。七殺破軍專依羊鈴之虐。諸星吉逢凶也吉，諸星凶逢吉也凶。輔弼夾帝為上品，桃花犯主為至淫。君臣慶會材擅經邦，魁鉞同行位居台輔。祿文拱命貴而且賢，日月夾財不權則富。馬頭帶箭鎮衛邊疆，刑囚夾印刑杖惟司。善蔭朝綱仁慈之長。

貴入貴鄉逢者富貴，財居財位遇者富奢。太陽居午，謂日麗中天，有專權之貴敵國之富。太陰居丑，號曰水澄桂萼，得清要之職、忠諫之材。紫微輔弼同宮，一呼百諾居上品。文耗居寅卯，謂之眾水朝東。日月守不如照合，蔭福聚不怕凶危。貪居亥子名為泛水桃花，刑遇貪狼號曰風流綵杖。七殺廉貞同位路上埋屍，破軍暗曜同鄉水中作塚。祿居奴僕縱有官也奔馳，帝遇凶徒雖獲吉而無道。帝坐金車則曰金輿捧櫛，福安文曜謂之玉袖天香，太陽會文昌於官祿，皇殿朝班富貴全美。太陰會文曲於妻宮，蟾宮折桂文章全盛。祿存守於田財堆金積玉，財蔭坐於遷移巨商高賈。耗居祿位沿途乞食，貪會旺宮終身鼠竊。殺居絕地天年夭似顏回，貪坐生鄉壽考永如彭祖。忌暗同居身命疾厄沈困尪羸。凶星會於父母遷移，刑傷破祖。刑殺同廉貞於官祿，枷杻難逃，官符加刑殺於遷移，離鄉遭配。

善福居空位，天竺生涯。輔弼單守命宮離宗庶出。七殺臨於身命，加惡殺必定死亡。鈴羊合於命宮遇白虎須當刑戮。官府發於吉曜，流殺怕逢破軍。羊鈴憑太歲以引行，病符官符皆作禍。奏書博士與流祿盡作吉祥。力士將軍同青龍顯其權勢。童子限如水上泡漚，老入限似風中燃燭。遇殺無制乃流年最忌，人生榮辱限元必有休咎，處世孤貧，命限逢乎駁雜。學至此誠玄微矣。

（此文解釋在『紫微斗數全書詳析上冊』第21—29頁）

形性賦

原夫紫微帝座生為厚重之容，天府尊星當主純和之體，金烏圓滿玉兔清奇。天機為不長不短之資，情懷好善。武曲乃至剛至毅之操，必性果決。天同肥滿目秀清奇。廉貞眉寬口闊面橫，為人性暴好忿好爭。貪狼為善惡之星，入廟必應長聳，出垣必定頑囂。巨門乃是非之曜，在廟敦厚溫良。天相精神、相貌持重。天梁穩重，心事玉潔冰清。七殺如子路暴虎馮河。火鈴似豫讓吞炭裝啞，暴虎馮河兮自災凶狠，吞炭裝啞兮暗狼聲沈。俊雅文昌眉清目秀、磊落。文曲口舌便佞，在廟定生異痣，失陷必有班痕。左輔右弼溫良規模、端莊高士。天魁天鉞具足威儀、重合三台則十全模範。擎羊陀羅形醜貌麄有矯詐體態。破軍不仁背重眉寬行坐腰斜、奸詐好行驚險。性貌如春和藹乃是祿存之盛德。情懷似火鋒，此誠破耗之威權。

星論廟旺最怕空亡殺落，空亡竟無威力。權祿乃九竅之奇，耗積散平生之福。祿逢梁蔭抱私財益與他人，耗遇貪狼漊淫情於井底。貪星入於馬垣易善易惡，惡曜扶同善曜稟性不常，財居空亡巴三覽四。文曲旺宮聞一知十，暗合廉貞為貪佞之曹吏，身命司數實奸盜之妓兒、豬屠之流。善祿定是奇高之藝、細巧伶俐之人。男居生旺最要得地，女居死絕專看福德。命最嫌立於敗位，財源卻怕逢空亡。機、刑、殺、蔭孤星論嗣續之宮，加惡星忌耗不為奇特。陀耗囚之星守父母之纏，決然破祖刑傷兼之。童格宜相根基要察，紫微肥滿，天府精神，祿存祿主也應厚重，日月曲相同。梁機昌為美俊之姿，乃是清奇之格，上長下短目秀眉清。貪狼同武曲形小聲高而量大。天同加陀忌肥滿目眇。擎羊身體遭傷。若遇火鈴巨暗必生異痣，又值耗殺定主形麄貌忿，若居死絕之限童子乳哺徒勞其力，老者亦然壽終。此數中之綱領，乃為星緯之機關，玩味專精以參玄妙。限有高低、星尋喜怒，假如運限駁雜終為浮沈，如逢殺地更要推詳，倘遇空亡必須細察，精研於此不患不神。

星垣論

（此文解釋在『紫微斗數全書詳析上冊』第30—35頁）

紫微帝座以輔弼為佐貳，作數中之主星，乃有用之源流，是以南北二斗集而成數，為萬物之靈。

蓋以水淘溶則陰陽既濟，水盛陽傷，火盛陰滅，二者不可偏廢，故得其中者斯為美矣。寅乃木之垣，乃三陽交泰之時草木萌芽之所，主於卯位，其木愈旺矣。

貪狼天機是廟樂，故得天相水到寅為之旺相，巨門水得卯為之疏通。木乃土栽培，加水之澆灌，三方更得文曲水、破軍水相會尤妙，又加祿存土極美矣。

巨門水到丑，天梁土到未，陀羅金到於四墓之所，苟或得擎羊金相會，以土為金墓則金通不凝。加以天府土、武曲金以生之，是為金趁土肥，順其德以生成。

夫巳、午乃火位。巳為水土所絕之地，更午垣之火餘氣流於巳，水則倒流，火氣逆陷必歸於巳。午屬火德、能生於巳絕之土。所以貪狼木居焉，至於午火，旺照離明洞徹表裡。而文曲水入廟若會紫府，則魁星拱斗，加以天機木貪狼木謂之變景，愈加奇特。

申酉金乃西方太白之氣，武居申而好生，擎羊在酉而用殺，加以巨門祿存陀羅而助之愈急，須得逆行，逢善化惡是為妙用。

亥水屬文曲、破軍之要地，乃文明清高之士，萬里派源之潔，如大川之澤不為焦枯，居於亥位將下天河是故為妙。

破軍水於子旺之鄉，如巨海之浪海洶湧，可遠觀而不可近倚，破軍是以居焉。

若四墓之尅充其瀰漫，必得武曲之金使其源流不絕方為妙矣。其餘諸星以身命推之，無施不可，至玄至妙者矣。

斗數準絕

（此文解釋在『紫微斗數全書詳析上冊』第36—39頁）

命居生旺定富貴各有所宜，身坐空亡論榮枯專求其要。紫微帝座在南極不能施功，天府令星在南地專能為福。天機七殺同宮也善三分，太陰火鈴同位反成十惡。貪狼為惡宿入廟不凶，巨門為惡曜得垣尤美。諸凶在緊要之鄉最宜制尅，若在身命之位卻受孤單。若見殺星倒限最凶，福蔭臨之庶幾可解。大抵在人之機變更加作意之推詳，辨生尅制化以定窮通，看好惡正偏以言禍福。官星居於福地近貴榮財，福星居於官宮卻成無用。

身命得星為要，限度遇吉為榮。若言子息有無，專在擎、囚、耗、殺，逢之則害，妻妾亦然。相貌逢凶必帶破相，疾厄逢忌定有尫羸，須言定數以求玄，更在同年之相合總為綱領用作準繩。

斗數發微論

（此文解釋在『紫微斗數全書詳析上冊』第40—45頁）

白玉蟾先生曰：觀天斗星與五星不同，按此星辰與諸術大異。四正吉星定為貴，三方殺拱少為奇，對照兮詳凶詳吉，合照兮觀賤觀榮。吉星入垣則為吉，凶星失地則為凶。

命逢紫微非特壽而且榮，身遇殺星不但貧而且賤，左右會於紫、府極品之尊，科、權限於凶鄉功名蹭蹬。

行限逢乎弱地，未必為災，立命會在強宮，必能降福。羊陀七殺限運莫逢，逢之定有刑傷（空劫傷使在內合斷）。天哭、喪門流年莫遇，遇之實防破害。南斗主限必生男，北斗加臨先得女。科星居於陷地燈火辛勤。昌曲在凶鄉，林泉冷淡，奸謀頻設。紫微愧遇破軍，淫奔大行。紅鸞羞逢貪命，命身相尅，則心亂而不閑。玄媼（即天姚星）三宮則邪淫躭酒。殺臨三位，定然妻子不和。巨到二宮必是兄弟無義。刑殺守子宮子難奉老。諸凶照財帛聚散無常。羊陀守疾厄，眼目昏盲。火鈴到遷移，長途寂寞。

尊星列賤位主人多勞。惡星應八宮奴僕無助。官祿遇紫、府，富而且貴。田宅遇破軍先破後成。福德遇空劫、奔走無力。相貌加刑殺，刑尅難免，後學者執此推詳萬無一失。

重補斗數彀率

（此文解釋在『紫微斗數全書詳析上冊』第46—50頁）

諸星吉多逢凶也吉，諸星惡多逢吉也凶。星更纏度數分定局，重在看星得垣受制，方可論人禍福窮通。大概以身命為禍福之柄，以根源為窮通之機。

紫微在命，輔、弼同垣其貴必矣。

財印夾命，日月夾財，其富何疑。蔭福臨不怕凶沖，日月會不如合照。貪狼居子乃為泛水桃花，天刑遇貪必主風流刑杖。紫微坐命庫則曰金輿扶御輦，福宮安文曜號為衣錦惹天香。太陰合文曲於妻宮翰林清異，太陽會文昌於官祿金殿傳臚。祿合守田財為爛穀堆金，財蔭居遷移為富商豪客。耗居敗地沿途丐求，貪會旺宮終身鼠竊。殺居絕地生成三十二之顏回。日在旺宮可學八百年之彭祖。巨暗同垣於身、命、疾厄，羸瘦其軀。凶星交會於相貌，傷刑其面。大耗會廉貞於官祿，枷杻囚徒。官符會刑殺於遷移，離鄉遠配。七殺臨於陷地流年必見死亡。耗、殺忌逢破軍，火、鈴嫌逢太歲。奏書、博士得流祿以長乎吉祥。力士、將軍得青龍以顯其威福。童子限弱，水上浮泡。老人限衰，風中燃燭。遇殺必驚流年最緊，人生發達限元最怕浮，一世迍邅。命限逢乎駁雜，論而至此允矣玄微。

增補太微賦

（此文解釋在『紫微斗數全書詳析上冊』第51—58頁）

前後兩凶神為兩鄰，加侮尚可撐持，同室與謀最難提防。片火焚天馬重羊逐，祿存劫空親戚無常。權、祿行藏靡定，君子哉則鉞，小人哉羊、鈴，凶不皆凶，吉無純吉。

主強賓弱可保無虞，主弱賓強凶危立見，主賓得失兩相宜。

運限命身當互見，身命最嫌羊、陀、七殺，遇之未免為凶，二限甚忌貪、破、巨、廉，逢之定然作禍。

命遇魁、昌常得貴，限逢紫、府定財多。

凡觀女人之命，先觀夫子二宮。若值殺星定三嫁而心不足，或逢羊孛雖啼哭而淚不乾。

若觀男命，始以福財為主，再審遷移何如。二限相因吉凶同斷，限逢吉曜平生動用和諧，命坐凶鄉一世求謀齟齬。廉祿臨身，女得純陰貞潔之德。同梁守命，男得純陽中正之心。君子命中亦有羊、陀、火、鈴，小人命內豈無科、祿、權星，要看得垣失垣，專論入廟失廟。

若論小兒詳推重限。小兒命坐凶鄉三五歲必然夭折，更有限逢惡殺，五七歲必主災亡。文昌、文曲、天魁秀，不讀詩書也可人。多學少成只為擎羊逢劫殺，為人好訟蓋因太歲遇官符。

命之理微，熟察星辰之變化，數之理遠，細詳格局之興衰。北極加凶殺為道為僧。羊陀遇惡星為奴為僕。如武、破、廉、貪固深謀而貴顯，加羊、陀、空、劫反小志以孤寒。限輔星旺限雖弱而不弱，命臨吉地命雖凶而不凶。斷橋截路大小難行。卯酉二空聰明發福，命身遇紫府疊積金銀。二主逢劫空衣食不足，謀而不遂。

命限遇入擎羊，東作西成。限身遭逢輔、相、科、權、祿拱，定為扳桂之高人。空、劫、羊、鈴作九流之術士，情懷暢舒。昌曲身，詭詐浮虛。羊陀陷地，天機、天梁擎羊會，早有刑而晚見孤。貪狼、武曲、廉貞逢，少受貧而後享福，此皆斗數之奧妙，學者宜熟思之。

諸星問答論

（此文解釋在『紫微斗數全書詳析上冊』第58—181頁）

問紫微所主若何？答曰：紫微屬土，迺中天之尊星為帝座，主掌造化樞機人生主宰。

仗五行育萬物，以人命為之立定數。安星繼各根所司，處年數內常掌爵祿。諸宮降福能消百惡，須看三台。蓋紫微守命是中台，前一位是上台，後一位是下台，俱看在廟旺之鄉否，有何吉凶之守照。如廟旺化吉甚妙，陷又化凶甚凶，吉限不為美，凶限則凶也。人之身命若值祿存同宮，日月三合相照，貴不可言。

無輔弼同行則為孤君，雖美玉不足。更與諸殺同宮或諸吉合照，君子在野，小人在位，主人奸詐假善，平生惡積。與囚同居無左右相佐定為胥吏。如落疾厄、兄弟、奴僕、相貌四陷宮，主人勞碌作事無成，雖得助亦不為福。

更宜詳細宮度，應究星纏之論。若居官祿、身、命三宮，最要左右守衛。天相祿馬交馳、不落空亡、更坐生鄉可為貴論。如魁、鉞、三台星會吉星則三台八座矣。

帝會文昌拱照又得美限扶必文選之職。帝降七殺為權有吉。同位則帝相有氣。諸吉咸集作武官之職。財帛、田宅有左右守衛，又與太陰武曲同度，不見惡星必為財賦之官。更與武曲、祿存同宮身命中尤為奇特。

男女宮得祥佐，吉星主生貴子，若獨守無相佐則子息孤單，妻宮會吉，男女得貴美，夫婦偕老，亦要無破殺。

遷移雖是強宮更要相佐，有吉星照命則因人之貴。福德男為陷地，女為廟樂，逢吉則吉，逢凶則凶。

希夷先生曰：紫微為帝座，在諸宮能降福消災，解諸星之惡。能制火鈴為善，能降七殺為權，若得府、相、左、右、昌、曲吉集無有不貴，不然亦主巨富。縱有四殺沖破亦作中局。若遇破軍在辰、戌、丑、未，主為臣不忠，為子不孝之論。

女命逢之作貴婦斷，加殺沖破亦作平常不為下賤。

（此文解釋在『紫微斗數全書詳析上冊』第65頁）

自申。

歌曰(一)

紫微原屬土，官祿宮主星。有相為有用，無相為孤君，諸宮皆降福，逢凶福隨昌發科甲，文曲受皇恩，僧道有師號，快樂度春秋。奉星皆拱照，為吏協公平。女人會帝座，遇吉事貴人，若與桃花會，飄蕩落風塵。擎羊、火、鈴聚，鼠竊狗偷群。三方有吉拱，方作貴人評。若還無輔弼，諸惡共欺凌。帝為無道主，考究要知因。二限若遇帝，喜氣自然新。

玉蟾先生曰：紫微乃中天星，主為眾星之樞紐，為造化也。大抵為人命之主宰，掌五行育萬物各有所司。

以左輔、右弼為相，以天相、昌、曲為從，以魁、鉞為傳令，以日、月為分司，以祿馬為掌爵之司，以天府為帑藏之主，身命逢之不勝其吉。

如遇四殺(羊陀火鈴)劫、空、機、梁沖破定是僧道。此星在命為人厚重，面紫色，專作吉斷。

問天機所主如何？答曰：天機屬木，南斗第三益算之善星也。後化氣曰善。得地，合之行事，解諸星之順逆定數。於人命逢諸吉咸集，則萬事皆善，勤於禮佛，敬乎六親，利於林泉，宜於僧道。

無惡虐不仁之心，有靈機應變之智，淵魚察見，作事有方。女命遇之為福，逢吉為吉，遇凶為凶。或守於身，更逢天梁，必有高藝隨身，習者宜詳玩之。

希夷先生曰：天機益壽之星，若守身、命，主人異常。與天梁左右昌曲交會，文為清顯，武為忠良。若居陷地，四殺沖破，是為下局。若見七殺天梁，當為僧道之清閑。

凡入二限逢之，興家創業更改，女人吉星高照，主旺夫益子，有權祿則為貴婦，，落局羊陀火忌沖破，主下賤殘疾刑尅。

（此文解釋在『紫微斗數全書詳析上冊』第71頁起）

歌曰㈡

天機兄弟主，南斗正曜星，作事有操略，稟性最高明，所為最好善，亦可作群英。會吉主享福，入格局翰林。巨門同一位，武職壓邊庭，亦要權逢殺，方可立功名。天梁星同位，定作道與僧，女人若逢此，性巧必淫奔。天同與昌曲，聚拱主華榮，辰戌子午地，入廟有功名，若在寅卯辰，七殺并破軍，血光災不測。羊陀及火鈴，若與諸煞會，災患有厄驚，武暗廉破合，兩目少光明，二限臨此宿，事必有變更。

玉蟾先生曰：天機南斗善星，故化氣曰善。佐帝令以行事，解諸凶之逆，定數於人命之中。吉聚則為富貴，若逢沖殺亦必好善，孝義六親，勤於禮佛，無不仁不義之為，有靈通變達之智，女命逢之多主福壽，其在廟旺有力，陷地無吉便凶。

問太陽所主若何？答曰：太陽星屬火，日之精也。乃造化之表儀，在數主人有貴氣，能為文為武。諸吉集則降禎祥，處黑星則勞心費力，若隨身、命之中，居於廟樂之地，為數中之至曜。乃官祿之樞機。後化貴、化祿，最宜在官祿宮，男作父星，女為夫主。

命逢諸吉守照，更得太陰同照，富貴全美；若身居之逢吉聚則可在貴人門下客，否則公卿走卒。夫妻亦為弱宮。男為諸吉聚可因妻得貴。陷地加殺傷妻不吉。男女宮得八座加吉星在廟旺地主生貴子，權柄不小。若財帛宮於旺地會吉相助，不怕巨門纏，其富貴綿遠矣。若旺相無空劫一生主富。居田宅得祖父蔭澤。若左右諸吉星皆至大小二限俱到，必有驟興之喜。

若限不扶不可以三合論議恐應小差。女命逢之限旺亦可共享。與鈴、刑、忌集限，目下有憂或生尅父母。刑殺聚限，有傷官之憂。常人有官非之撓。與羊、陀聚則有疾病。與火、鈴合其苦楚不少。推而至此禍福瞭然。

遷移宮其福與身命不同，難招祖業，移根換葉，出祖為家，限步逢之決要動移。女命逢之不及，若福德宮有相佐夫招賢明之夫，父母宮男子單作父星有輝則吉，無輝尅父。

希夷先生曰：太陽星周天曆度，輪轉無窮，喜輔弼而佐君象，以祿存而助福。所忌者巨暗遭逢，所樂者太陰相旺。諸宮會吉則吉，黑道遇之則勞。守人身、命，主人忠梗，不較是非。若居廟旺化祿化權，允為貴論。

若得左右昌曲魁鉞三合拱照官二宮，富貴極品。加四殺亦主飽暖，僧道有師號。女人廟旺，主旺夫益子，加權祿封贈，加殺主平常。

（此文解釋在『紫微斗數全書詳析上冊』第81頁起）

歌曰㈢

太陽原屬火，正主官祿星。若居身命位，稟性最聰明，慈愛量寬大，福壽享遐齡。

若與太陰會，驟發貴無倫。有輝照身命，平步入金門。巨門不相犯，升殿承君恩。

偏垣逢暗度，貧賤不可言，男人必尅父，女命夫不全，火鈴逢若定，羊陀眼目昏，二限若值此，必定賣田園。

玉蟾先生曰：太陽司權貴為文，遇天刑為武。在寅、卯為初昇，在辰、巳為昇殿，在午為日麗中天主大富貴。在未、申為偏垣，作事先勤後惰。在酉為西沒，貴而不顯，秀而不實。在戌、亥、子為失輝，更逢巨暗破軍一生勞碌貧忙，更主眼目有傷，與人寡合招非。

女命逢之夫星不美，遇耗則非禮成婚。若與祿存同宮，雖主財帛亦辛苦不閑。若與帝星、左、右同宮，則為貴論。又嫌火、鈴、刑、忌未免先尅其父。此星男得之為父星，女得之為夫星。

問武曲星所主若何?答曰：武曲北斗第六星，屬金，乃財帛宮主財，與天府同宮有壽。其施權於十二宮，分其臨地有廟、旺、陷宮。主於人性剛果決，有喜有怒可福可災。若陷囚會於震宮，必為破主淹留之舉。與祿馬交馳發財於遠郡。若貪狼同度慳吝之人。破軍同財鄉財到手而成空。諸凶聚而作禍，吉集以成祥。

希夷先生曰：武曲屬金，在天司壽，在數司財，怕受制入陷，喜祿存而同政，與太陰以互權。

天府、天梁為佐貳之星，財帛出寶為專司之所惡。殺、耗囚會於震宮，必見木壓雷震。破軍、貪狼會於坎宮，必主投河溺水。會祿馬則發財遠郡，貪狼會則少年不利。所謂武曲守命福非輕，貪狼不發少年人是也。

廟樂桃花同月利己損人。七殺、火星同宮因財被劫。遇羊、陀則孤尅，遇破軍難顯貴，單居二限可也。

若與破軍同位更臨二限之中，定主是非之撓。蓋武曲守命主人剛強果斷，甲己生人福厚，出將入相，更得貪、火沖破定為貴格。

喜西北生人，東南生人平常，不守祖業四殺沖破孤貧不一，破相延年。女人吉多為貴婦，加殺沖破孤尅。

問天同星所主若何？答曰：天同星屬水，乃南方第四星也。為福德宮之主宰，後云化福，最喜遇吉曜助福添祥。為人廉潔，貌稟清奇有機樞無亢激，不怕七殺相侵，不怕諸殺同纏。限若逢之，一生得地，十二宮中皆曰福，無破定為祥。

希夷先生曰：天同南斗益福保生之星，化祿為喜，逢吉為祥。命身值之，主為人謙遜，稟性溫和，必慈祥耿直，文墨精通，有奇志無凶激，不忌七殺相侵，不畏諸凶同度，十二宮中皆為福論。

遇左、右、昌、梁貴顯，喜壬乙生人，巳亥得地，不宜六庚生人。居酉地終身不守，會四殺居巳亥為陷，殘疾孤尅。

女人逢殺沖破，刑夫尅子。梁月沖破合作偏房。僧道宜之，主享福。

問廉貞所主若何？答曰：廉貞屬火，北斗第五星也。在斗司品職，在數司權令。不臨廟旺，更犯官符，故曰化囚為殺。觸之不可解其禍，逢之不可測其祥。主人心狠性狂，不習禮儀。

逢帝座執威權，遇祿存主富貴，遇昌曲好禮樂，遇殺曜顯武職，在官祿有威權，在身命為次桃花。若居旺宮則賭博迷花而致訟。與巨門交會於陷地，則是非起於官司。逢財星耗合祖業必破，遇刑忌則濃血不免。遇白虎則刑杖難逃，會武曲遇刑制之鄉，恐木壓蛇傷。同火曜於陷空之地，主投河自縊。破軍與日月以濟行，目疾而不免。限逢至此災不可攘。只宜官祿、身、命之位，遇吉福映，逢凶則不慈，若處他宮，禍福宜詳。

（此文解釋在『紫微斗數全書詳析上冊』第94頁）

歌曰㈣
廉貪巳亥宮遇，吉福盈豐應，過三旬後，須防不善終。

問天府所主若何？答曰：天府屬土，南斗主令第一星也。為財帛之主宰，在斗司福權之宿。會吉皆為富貴之基，定作文昌之論。

希夷先生曰：天府乃南斗延壽解危之星，又曰司命上相、鎮國之星。在斗司權，在數則職掌財帛、田宅、衣祿之神。為帝之佐貳，能制羊陀為從，能化火、鈴為，主人相貌清奇，稟性溫良端雅。與太陽、昌、曲會必登首選，逢祿存、武曲必有巨萬之富。

秘云：天府為祿庫，命逢終是富是也，不喜四殺沖破，雖無宮貴亦主財田富足，以田宅財為廟樂，以奴僕相貌為陷弱，以兄弟為平常。

命逢之得相佐，主夫妻子女不缺，若值空亡是為孤立，不可一例而推斷，大抵此星多主吉。

又曰：此星不論諸宮皆吉，女命得之清正機巧、旺夫益子，雖見沖破亦以善

（此文解釋在『紫微斗數全書詳析上冊』第97頁）

論。僧道宜之，有師號。

歌曰(五)

天府為祿庫，入命終是富，萬傾置田庄，家資無論數。女命坐香閨，男人食天祿。此是福吉星，四外無不足。

問太陰星所主若何？答曰：大陰乃水之精。為田宅，主化富，與日為配，為天儀表。有上弦下弦之用，黃道黑道分勢，尚好盈虧、數定廟樂。其為人也，聰明俊秀。其稟性也，端雅純祥。上弦為要之機，下弦滅威之論。所值不以所見無妨。若相坐於太陽，日在卯，月在酉，俱為旺地，為富貴之基。命坐銀輝之宮，諸吉威集，為享福之論。

若居陷地，則落弱之位，若上弦下弦仍可，不逢巨門為佳。身若居之，則有隨娘繼拜或離祖過房。身命若見惡殺交沖必作傷殘之論。除非僧道，反獲禎祥。決禍福最為要緊，不可參差。又或與文曲同居身命，定是九流術士。男為妻宿，又作母星。

（此文解釋在『紫微斗數全書詳析上冊』第99頁）

希夷先生曰：太陰化祿與日為配，以卯、辰、巳、午、未為陷地，以酉、戌、亦、子、丑為得垣。酉為西山之門，為東潛之所，嫌巨曜以來纏，怕羊、陀以同度。廉囚相犯七殺相沖恐非得意之垣，定作傷殘之論。

此星屬水，為田宅宮主，有輝為福，失陷必凶。男女得之皆為母星，又作妻宿。若在身命廟樂吉集主富貴。在疾厄遇陀暗為目疾。遇火、鈴為災。值貪殺損目。在父母如陷地失輝，遇流年白虎太歲主母有災。此雖純和之星，但失輝受制則不吉。若逢白虎、喪門、吊客妻亦慎之。

問貪狼所主若何？答曰：貪狼北斗解厄之神，第一星也。屬水化氣為桃花，為標準乃主禍福之神。受善惡定奸詐，瞞人授學神仙之術，又好高吟，浮蕩作巧成拙。入廟樂之宮可為祥、可為禍。

會破軍迷花戀酒而喪命，同祿存可吉。遇耗因以虛花。遇廉貞也不潔，見七殺或配以遭刑。遇羊陀主痔疾，逢刑忌有斑痕。二限為禍非輕，與七殺同守身命，男有穿窬之體，女有偷香之態。諸吉壓不能為福，眾凶聚愈藏其奸，以事藏機、虛花無實。與人交厚者薄，而薄者又厚。

故云：七殺守身終是夭，貪狼入廟必為娼。若身命與破軍同居，更居三合之鄉、生旺之地，男好飲而賭博游蕩，好女無媒而自嫁，淫奔私竊、輕則隨客奔馳，重則遊於歌妓。

喜見空亡反主端正，若與武曲同度為人諂佞奸貪，每存肥己之心，並無濟人之意。與貞同宮，公庭必遭刑。七殺同宮定為屠宰。羊、陀交併必作風流之鬼，昌、曲同度必多虛而少實。與七殺、日、月同纏，男女淫邪虛花。巨門交戰口舌是非常有。若犯帝座無制便為無益之人，得輔、弼、昌、曲夾制則無此論。

陷地逢生又生祥瑞雖家顛沛也發一時之財，惟會火鈴能富貴，美在財帛與武曲、太陰同終非所。自發則為淫佚，在兄弟子息俱為陷地，在田宅則破蕩祖業，先富後貧，奴僕居於廟旺，必因奴僕所破，夫妻宮男女俱不得美，疾厄與羊、陀暗殺交併酒色之病，遷移若坐火鄉，破軍暗殺併流年、歲殺疊併則主遭兵火賊盜相侵，總而言之男女非得地之星不見尤妙。

希夷先生曰：貪狼為北斗解厄之神，陟明之星，其氣屬木、體屬水，故化氣為桃花，乃主禍福之神。

在數則樂，為放蕩之事，遇吉則主富貴，遇凶則主虛浮。主人矮小、性剛猛威、機深謀遠、隨波逐浪愛憎難定。

居廟旺遇火星武職權貴，戊己生人合局遇軍相延壽，會廉武巧藝，得祿存僧道宜之，破、殺相沖飄蓬度日，女人生刑尅不潔，遇太陰則主淫佚。

問巨門所主若何？答曰：巨門屬水金，北斗第二星也。為陰精之星，化氣為暗在身命，一生招口舌之非。

在兄弟則骨肉參商；在夫妻主於隔角生離生別，縱夫妻有對不免污名失節。在子息損後方招，雖有而無。在財帛有爭競之意。在疾厄遇刑忌眼目之災，殺臨主殘疾。在遷移則招是非。在奴僕則多怨逆。在官祿主招刑杖。在田宅則破蕩祖業。在福德其禍稍輕，在父母則遭棄擲。

希夷先生曰：巨門在天司品萬物，在數則掌執是非。主於暗昧疑是多非，欺瞞天地進退兩難。其性則面是背非，六親寡合，交人初善終惡。

十二宮中若無廟樂照臨，到處為災奔波勞碌。至亦、子、丑、寅、巳、申雖富貴亦不而久。會太陽則吉凶相半。逢七殺則主殺傷。貪、耗同行因好徒配。遇帝座則制其強，逢祿存則解其厄，值羊陀男盜女娼。對宮遇火鈴、白虎，無帝壓祿存，決配千里。三合殺湊必遭火厄，此乃孤獨之數、刻剝之神，除為僧道九流方免勞神偃蹇，限逢凶曜災難不輕。

（此文解釋在『紫微斗數全書詳析上冊』第111頁）

問天相星所主若何？答曰：天相屬水，南斗第五星也。為司爵之宿，為福善化氣曰印，是為官祿文星，佐帝之位。

若人命逢之，言語誠實事不虛為。見人難有側隱之心，見人抱惡不平之氣。官祿得之則顯榮，帝座合之則爭權。雖佐日、月之光，兼化廉貞之惡。身命得之而榮耀，子息得之而嗣續昌。

十二宮中皆為祥福，不隨惡而變志，不因殺而改移，限步逢之富不可量。此星若臨生旺之鄉，雖不逢帝座，若得左右，則職掌威權。或居閑弱之地也作吉利。二限逢之主富貴。

希夷先生曰：天相南斗司爵之星，化氣為印。主人衣食豐足，昌、曲、左、右相會位至公卿。陷地貪、廉、武、破、羊、陀殺湊，巧藝安身。火、鈴沖破殘疾。女人主聰明端莊，志過丈夫。三方吉拱封贈論。若昌、曲沖破侍妾。在僧道主清高。

（此文解釋在『紫微斗數全書詳析上冊』第118頁）

歌曰㈥

天相原屬水，化印主官祿。身、命二宮逢，定主多財福。形體又肥滿，語言不輕瀆。出仕主飛騰，居家主財穀。二限若逢之，百事看充足。

問天梁星所主若何？答曰：天梁屬土，南斗第二星也。司壽化氣為蔭為福壽，乃父母之主。宰殺之權。

於人命則性情磊落，於相貌則厚重溫謙、循直無私、臨事果決。蔭於身，命福及子孫。遇昌曲於財宮，逢太陽於福德，三合乃萬全聲名，顯於王室，職位臨於風憲。

若逢耗曜，更逢天機及殺，宜僧道，亦受王家制誥。逢貪狼同度而亂禮亂家，居奴僕、疾厄、相貌作豐，除之論。

見廉貞刑忌必無災厄克激之虞。遇火鈴刑暗亦無征戰之撓。太歲沖而為福，白虎臨而無殃論。而至此數決窮通之論也。命或對宮有天梁主有壽，乃極吉之星。

希夷先生曰：天梁南斗司壽之星，化氣為蔭為壽。佐上帝威權。為父母宮主，主人清秀溫和、形神穩重、性情磊落、善識兵法。

得昌、曲、左、右加會至台省。在父母宮則厚重威嚴，會太陽於福德極品之貴，戊己生人合局。

若四殺沖破則苗而不秀，逢天機耗曜僧道清閑。與貪、巨同度則敗倫亂俗。在奴僕、疾厄亦非豐，除之論。

廉貞刑忌見之，必無克敵之虞，火鈴刑暗遇之，亦無征戰之撓。太歲沖而為福，白虎會而無災。奏書會則有意外之榮，青龍動則有文書之喜。小耗、大耗交遇，所幹無成。病符官符相侵不為災論。

女人吉星入廟，旺夫益子。昌曲左右扶持，榮華。羊陀、火忌沖破刑剋，招非不潔，僧道宜之。

（此文解釋在『紫微斗數全書詳析上冊』第124頁）

歌曰(七)

天梁原屬土，南斗最吉星，化蔭名延壽，父母宮主星。田宅、兄弟內，得之福自生。形神自持重，心性更和平。生來無災患，文章有聲名。六親更和睦，仕宦居王庭。巨門若相會，勞碌歷艱辛。若逢天機照，僧道享山林。二星在辰戌，福壽不須論。

問七殺星所主若何？

答曰：七殺南斗第六星也，屬火金，乃斗中之上將，實成敗之孤辰。

在斗司斗柄，主於風憲，其威作金之靈，其性若清涼之狀。主於數則宜僧道。主於身定歷艱辛，在命宮若限不扶夭折。

在官祿得地，化禍為祥。在子息而子息孤單，居夫婦而鴛衾半冷。會刑囚於田宅、父母，刑傷父母產業難留。

逢刑、忌、殺於遷移、疾厄，終身殘疾。縱非一身孤獨也應壽年不長。與囚於身命，折股傷股，又主癆傷。會囚耗於遷移死于道路。若臨陷弱之宮為殘較減滅。若值正陰之宮作禍憂深。

流年殺曜莫教逢，身殺星辰休迭併。身殺逢惡曜於要地，命逢殺曜於三方、流殺又迭併、二限之中又逢，主陣亡掠死。

合太陽、巨門會帝旺之鄉，則吉處空亡。處空亡犯刑殺，遭禍不輕，大小二限合身命殺，雖帝制也無功，三合對沖雖祿亦無力。

蓋世英雄為殺制，此時一夢到南柯。此乃倒限之地，所主務要仔細推詳，乃數中之惡曜，實非善星也。

希夷先生曰：七殺斗中上將，遇紫微則化權降福，遇火、鈴則為殺，長其威。遇凶曜於生鄉，定為屠宰。會昌、曲於要地情性頑嚚。

秘經云：七殺居陷地，沉吟福不生是也。二主逢之定歷艱辛，二限逢之遭殃破敗，遇帝祿而可解。遭流殺而愈凶，守身命作事進退，喜怒不常。左、右、昌、曲入廟拱照掌生殺之權，富貴出眾。若四殺忌星沖破，巧藝平常之人，陷地殘疾。女命旺地，財權服眾，志過丈夫。四殺沖破刑尅不潔，僧道宜之，若殺湊飄蕩流移還俗。

（此文解釋在『紫微斗數全書詳析上冊』第131頁）

歌曰(八)

七殺寅、申、子、午宮，四夷拱手服英雄。魁、鉞、左、右、文昌會，權祿名高食萬鍾。殺居陷地不堪言，凶禍猶如抱虎眠。若是殺強無制伏，少年惡死到黃泉。

問破軍所主若何?答曰：破軍屬水，亡斗第七星也。司夫妻、子息、奴僕之神，居子、午入廟。在天為殺氣。在數為耗星，故化氣曰耗。主人暴凶狡詐，其性奸猾與人寡合，動輒損人。不成人之善，善助人之惡，虐視六親如寇仇，處骨肉無仁義。惟六癸、六甲生人合格，主富貴。

陷地加殺沖破，巧藝殘疾不守祖業，僧道宜之。女人沖破淫蕩無恥。此星居紫微則失威權，逢天府則奸偽。會天機則鼠竊狗盜，與廉貞、火、鈴同度則決起官非。與巨門同度則口舌爭鬥，與刑忌同度則終身殘疾。與武曲入財則東傾西敗。與文星守命一生貧士。遇諸凶結黨破敗，遇陷地其禍不輕。惟天梁可制其惡，天祿可解其狂。若逢流殺交併，家業蕩空，與文曲入于水域，殘疾離鄉。

遇文昌於震宮，遇吉可貴。若女命逢之，無媒自嫁喪節飄流。凡坐人身、命，居子、午，貪狼、七殺相拱則威震華夷。或與武曲同居巳宮貪廉拱亦居台閣。但看惡星何如，庚癸生人入格，到老亦不全美也。

在身、命陷地，棄祖離宗；在兄弟骨肉參商，在夫妻不正，主婚姻進退。在子息先損後成。在財帛如湯澆雪。在疾厄致尫羸之疾。在遷移奔走無力。在奴僕謗怨逃走。在官祿主清貧，在田宅陷度，祖基破蕩。在福德多災，在父母相刑尅。

問文昌星所主若何?答曰：文昌主科甲、守身命，主人悠閑儒雅，清秀魁梧，博聞廣記，機變異常、一舉成名，披緋衣紫福壽雙全，縱四殺沖破，不為下賤。女人加吉得地、衣祿充足。四殺沖破偏房下，僧道宜之，加權祿厚重有師號。

（此文解釋在『紫微斗數全書詳析上冊』第139頁）

歌曰(九)

文昌主科甲，辰巳是旺地，利午嫌卯酉，火生人不利。眉目定分明，相貌極俊麗。喜於金生人，富貴雙全美。先難而後易，中晚有聲名。太陽蔭福集，傳臚第一名。

問文曲所主若何?答曰：文曲屬水，北斗第四星也。主科甲、文章之宿。其象屬水，與文昌同協吉數最為祥。

臨身、命中作科第之客，桃花浪煖入仕無疑。於官祿面君顏而執政，單居身、命，更逢凶曜亦作無名，舌辯之徒。與廉貞共處必作公吏。命身與太陰同行定係九流術士。

怕逢破軍恐臨水以生災。嫌遇貪狼泣政事而顛倒。逢七殺、刑、忌、囚及諸惡曜詐偽莫逃。逢巨門共其度，和而喪志。女命不宜於逢，水性楊花。忌入土宮，限臨蹭蹬，若祿存化祿來纏，不可以為凶論。

希夷先生曰：文曲守身命，居巳、酉、丑，官居侯伯。武、貪三合同垣、將相之格，文昌遇合亦然。

若陷宮午、戌之地，巨門、羊、陀沖破，喪命夭折，水火驚險。若亥、卯、未旺地，與天梁、天相會，主聰明博學，殺沖破只宜僧道。若女命值之清秀聰明，主貴。若陷地沖破淫而且賤。

問流年昌曲若何？答曰：命逢流年昌、曲為科名、科甲，大小二限逢之三合拱照，太陽又照流年祿。小限太歲逢魁、鉞、左、右、台、座、日、月、科、權、祿、馬三方拱照，決然高中無疑。非此數星俱全方為大吉，但以流年科甲為主。如命限值之，其餘吉曜若得二三拱照亦必高中。但二星在巳酉得地，不富即貴，只是不能耐久。

（此文解釋在『紫微斗數全書詳析上冊』第143頁）

歌曰(十)

南北昌曲星，數中推第一。身命最為佳，諸吉恐非吉。得居人命上，桃花浪三汲。入仕更無虛，從官要輔弼。只恐惡殺臨，火鈴羊陀激，若還逢陷地，苗而不秀實。不是公吏輩，九流工數術，無破宰職權，女人多淫佚。樂居亥子宮，空亡官無益。

問左輔所主若何？希夷先生答曰：左輔帝極主宰之星，守身命諸宮降福。主人形貌敦厚、慷慨風流。紫、府、祿、權若得三合沖照，主文武大貴，火忌沖破雖富貴不久。僧道清閑女人溫重賢曉，旺地封贈。大忌沖破，以中局斷之。

問右弼所主若何？希夷先生答曰：右弼帝極主宰之星，守身命，文墨精通。紫、府吉星同垣，財官雙美文武雙全。羊、陀大忌沖破下局斷之。女人賢良有志，縱四殺沖破不為下賤，僧道清閑。

（此文解釋在『紫微斗數全書詳析上冊』第146頁）

歌曰(十一)

左輔原屬土，右弼水為根，失君為無用，三合宜見君。若在紫微位，爵祿不須論，若在夫妻位，主人定二婚，若與廉貞併，惡賤遭鉗髡。

輔弼為上相，輔佐紫微星，喜居日月側，文人遇禹門。倘居閑位上，無爵更無名，妻宮遇此宿，決定兩妻成。若與刑囚處，遭傷作盜賊。

問天魁、天鉞星所主若何？希夷先生答曰：魁鉞斗中司科之星，入命坐貴向貴，或得左、右吉聚無不富貴。況二星又為上界和合之神，若魁臨命，鉞守身，更迭相守，更遇紫微、府、日、月、昌、曲、左、右、權、祿相湊，少年必娶美妻。

若遇大難必得貴人成就扶助，小人欺侵亦不為凶。限步巡逢必主女子添喜，生男則俊雅，入學功名有成。生女則容貌端莊，出眾超群。

若四十以後逢墓庫不依此斷，有凶不以為災。居官者賢而威武，聲名遠播。僧道享福，與人和睦不為下賤。女人吉多，宰輔之妻命婦之論。若加惡殺亦為富貴，但不免私情淫佚。

歌曰(十二)（此文解釋在『紫微斗數全書詳析上冊』第149頁）

天乙貴人眾所欽，命逢金帶福彌深，飛騰名譽人爭慕，博雅皆通古與今。

魁鉞二星限中強，人人遇此廣錢糧，官吏逢人之發財福，當年必定見君王。

問祿存星所主若何？希夷先生答曰：祿存北斗第三星，真人之宿。主人貴爵，掌人壽基。帝相扶之施權，日、月得之增輝。天府、武曲為厥職，天梁、天同共其祥。十二宮中惟身、命、田宅、財帛為緊，主富。居遷移則佳，與帝星守官祿宜子孫爵秩。

若獨守命而無吉化仍看財奴耳。逢吉逞其權，遇惡敗其跡。最嫌落於陷空，不能為福。更湊火、鈴、空、劫，巧藝安身。

蓋祿爵當得勢而享之，守身、命，主人慈厚信直、通文濟楚。女人清淑機巧，能幹能為，有君子之志。紫、府、廉、同會合，作祿存上局。大抵此星諸宮降福消災。然祿存不居四墓之地者，蓋以辰、戌為魁罡，丑、未為貴人之門，故祿存避之良有以也。

（此文解釋在『紫微斗數全書詳析上冊』第153頁）

歌曰(十二)

斗北祿存星，數中為上局。守值身命內，不貴多金玉。此為迪吉星，亦可登仕路，文人有聲名，武人有厚祿。常庶發橫財，僧道亦主福，官吏若逢之，斷然食天祿。

又曰

夾祿拱貴并化祿，金裡重逢金滿屋。不惟方丈比諸侯，一食萬鍾猶未足。祿存對向守遷移，三合逢之利祿宜。得逢遐邇人欽敬，的然白手起家基。

問天馬星主若何？希夷先生答曰：諸宮各有制化，如身命臨之謂之驛馬。喜祿存、紫、府、昌、曲守照為吉。如大小二限臨之，更遇祿存、紫、府、流昌，必利。如與祿存同宮，謂之祿馬交馳。又曰折鞭馬。紫府同宮，謂之扶輿馬。刑殺同宮，謂之負尸馬。火星同宮，謂之戰馬。日月同宮，謂之雌雄馬。逢空亡，謂之死馬、亡馬。居絕死，謂之死馬。遇陀羅，謂之折足馬。以上犯此數者，俱主災病，流年值之依此斷。

（此文解釋在『詳析上冊』第155頁）

問化祿星所主若何?希夷先生答曰：祿為福德之神，守身、命、官祿之位，科權相逢必作大臣之職。小限逢之，主進財、入仕之喜。大限十年吉慶無疑。惡曜來臨并羊、陀、火、忌沖照亦不為害。女人吉湊作命婦。二限逢之，內外威嚴，殺湊平常。

問化權星所主若何?希夷先生答曰：權星掌判生殺之神。守身命，科祿相逢出將入相。科權相逢必定文章冠世，人皆欽仰。小限相逢，無有不吉。大限十年必然遂志。

如逢羊、陀、耗、使、劫、空，聽讒貽累官災貶謫。女人得之，內外稱志，可作命婦。僧道掌山林有師號。

（此文解釋在『紫微斗數全書詳析上冊』第158頁）

問化科星所主若何?希夷先生答曰：科星上界應試主掌文墨之星。守身命權祿相逢，宰臣之貴。如逢惡曜，亦為文章秀士，可作群英師範。女命吉拱，主貴封贈。雖四殺沖破亦為富貴，與科星拱照沖同論。

問化忌星所主若何?希夷先生答曰：忌為多管之神。守身命一生不順。小限逢之，一年不足，大限十年悔吝。二限太歲交臨，斷然蹭蹬。

文人不耐久，武人縱有官災、口舌不妨。雖商賈、技藝人皆不宜利。如會紫、府、昌、曲、左、右、科權祿，與忌同宮又兼四殺共處，即發財亦不佳，功名亦不成。就如單逢四殺、耗、使、劫、空主奔波帶疾，僧道流移還俗，女人一生貧夭。

問擎羊星所主若何?希夷先生答曰：擎羊北斗之助星。守身命性麤，行暴，孤單。則視親為疎，翻恩為怨，入廟性剛果決，機謀好勇，主權貴。

北方生人為福，四墓生人不忌。居卯、酉作禍興殃、刑尅極甚。六甲、六戊生人必有凶禍，縱富貴不久，亦不善終。

若九流工藝人辛勤。加火、忌、劫、空沖破，殘疾離祖刑尅六親。女人入廟加吉上局，殺耗沖破，多主刑尅下局。

問陀羅星所主若何?希夷見生答曰：陀羅北斗之助星。守身命心行不正，暗淚長流，性剛威猛，作事進退，橫成橫破，飄蕩不定。與貪狼同度因酒色以成癆，與火、鈴同處，定疥疫之死。居疾厄暗疾纏綿。辰、戌、丑、未生人為福，在廟財官論。文人不耐久，武人橫發高遷。若陷地加殺刑尅招凶，二姓延生，女人刑尅下賤。

羊陀二星總論

（此文解釋在『紫微斗數全書詳析上冊』第165頁）

玉蟾先生曰：擎羊陀羅二星屬火金，乃北斗浮星。在斗司奏，在數凶厄。羊化氣曰刑，陀化氣曰忌。怕臨兄弟、田宅、父母三宮。忌三合臨身、命。合昌、曲、左、右有暗疾、眼疾。見日月，女剋夫，而夫剋婦。為諸宮之凶神。忌同日、月則傷親損目，刑併桃花則風流若禍。忌貪狼合，因花酒以忘身。刑與暗同行，招暗疾而壞目。

忌與殺暗同度，招凌辱而生暗疾。與火、鈴為凶伴，只宜僧進。權刑合殺疾病官厄不免。貪、耗流年面上刺痕，二限更遇此，災害不時而生也。

（此文解釋在『紫微斗數全書詳析上冊』第166頁）

歌曰

刑與暗同行，暗疾刑六親。火鈴遇凶伴，只宜道與僧。權刑囚合殺，疾病災厄侵。貪耗流年聚，面上刺痕新，限運若逢此，橫禍血刃生。

羊陀夭壽殺，人遇為掃星。君子防恐懼，小人遭凌刑。遇耗決乞求，只宜林中人。二限倘來犯，不時災禍侵。

問火星所主若何?答曰：火星乃南斗浮星也。

希夷先生歌曰：火星大殺將，南斗號殺神。若主身命位，諸宮不可臨。性氣亦沉毒，剛強出眾人。毛髮多異類，唇齒有傷痕，更與羊陀會，襁褓必災迍。過房出外養，二姓可延生。此星東南利，不利西北生。若得貪狼會，旺地貴無倫。封侯居上將，勳業著邊庭。三方無殺破，中年後始興。僧道多飄蕩，不守規戒心。女人旺地潔，陷地主邪淫，刑夫又剋子，下賤勞碌人。

問鈴星所主若何?答曰：鈴星乃南斗助星也。

希夷先生歌曰：大殺鈴星將，南斗為從神。值人身命者，性格亦沈吟，形貌多異類，威勢有聲名。若與貪狼會，指日立邊庭，廟地財官貴，陷地主孤貧。羊陀若湊合，其刑大不清，孤單并棄祖，殘傷帶疾人。僧道多飄蕩，還俗定無論。女人無吉曜，刑剋少六親，終身不貞潔，壽夭仍困貧。此星大殺將，其惡不可禁，一生有凶禍，聚實為虛情。七殺主陣亡，破軍財屋傾。廉宿羊刑會，卻宜主刀兵。或遇貪狼宿，官祿亦不寧。若逢居旺地，富貴不可倫。

羊、陀、火、鈴四星總論

玉蟾先生曰：火、鈴、陀羅金，擎羊刑忌訣：一名為掃星，又名短壽殺。君子失其權，小人犯刑法，孤獨剋六親，災禍常不歇。腰足唇齒傷，勞碌多蹇剝，破相又勞心，乞丐填溝壑。武曲併貪狼，一世招凶惡，疾厄若逢之，四時不離著，只宜山寺僧，金穀常安樂。

（此文解釋在『詳析上冊』第172頁）

問天空地劫所主若何?希夷先生曰：二星守身命，遇吉則吉，遇凶則凶。如四殺沖照，輕者下賤，重者六畜不興。僧道不正，女子婢妾，刑剋孤獨。大抵二星俱不宜見，定主破財，二限逢之必凶。

（此文解釋在『紫微斗數全書詳析上冊』第175頁）

歌曰㈠

劫空為害最愁人，才智英雄誤一生，只好為僧併學術，堆金積玉也須貧。

問天傷天使所主若何？希夷先生答曰：天傷乃上天虛耗之神。天使乃上天傳使之神。

太歲二限逢之不問得地否，只要吉多為福，其禍稍輕。如無吉，值巨門、羊、陀、火、忌、天機，其年必主官災喪亡破敗。

（此文解釋在『紫微斗數全書詳析上冊』第176頁）

歌曰㈡

限至天耗號天傷，夫子在陳也絕糧，天使限臨人共忌，石崇巨富破家亡。

問天刑星所主若何？希夷先生答曰：天刑守命、身，不為僧道定主孤刑，不夭則貧。父母、兄弟不得全。二限逢之主出家、官事、牢獄、失財。入廟則吉。

（此文解釋在『紫微斗數全書詳析上冊』第177頁）

歌曰㈢

天刑未必是凶星，入廟名為天喜神。昌曲吉星來湊合，定然獻策到王庭。

刑居寅上并酉戌，更臨卯位自光明。必遇文星成大業，掌握邊疆百萬兵。

三不子兮號天刑，為僧為道是孤身，天哭二星皆同到，終是難逃有疾人。

問天姚星所主若何？希夷先生答曰：天姚守身命，心性陰毒多疑恐，善顏色、風流，多婢，主淫。

入廟旺，主富貴多奴。居亥有學識。會惡星破家敗產，因色犯刑，六合重逢少年夭折。若臨限不用媒妁，招手成婚。或紫微吉星加剛柔相濟，主風騷。加紅鸞愈淫，加刑刃主夭。（此文解釋在『紫微斗數全書詳析上冊』第179頁）

歌曰㈣

天姚居戌卯酉遊，更入雙魚一併求，福厚生成耽酒色，無災無禍度春秋。

天姚星與敗星同，號曰人間掃氣囂。辛苦平生過一世，不曾安迹在客中。

人身偶爾值天姚，戀色貪花性篤凶。此曜若居生旺地，位登極品亦風騷。

問天哭天虛二星所主若何?希夷先生答曰:哭虛為惡曜。臨命最非常,加臨父母內,破蕩賣田庄。

若教身命陷,窮獨帶刑傷,六親多不足,煩惱度時光,東謀西不就,心事總忙忙。丑卯申宮吉,遇祿名顯揚。二限若逢之,哀哀哭斷腸。

斗數骨髓賦註解

太極星纏乃群宿眾星之主,天門運限即扶身助命之原,在天則運用無常,在人則命有格局。

先明格局,次看眾星,如有同年同月同日同時而生,則有富貴、貧賤、壽夭之異,或在惡限積百萬之金銀,或在旺鄉遭連年之困苦,禍福不可一途而論,吉凶不可一例而斷。

要知一世之榮枯,定看五行之宮位,立命便知貴賤,安身即曉根基。第一看福德，再三細考遷移，分對宮之體用，定三合之源流，命無正曜夭孤貧，吉有凶星美玉瑕玷。既得根基堅固，須知合局相生。堅固則富貴延壽，相生則財官昭著。

命好、身好、限好，到老榮昌

例如身命坐長生、帝旺之鄉，本宮又得吉星、廟旺，及大小二限相遇、相生，吉曜、吉星，則一世謀為無不順逐。

命衰、身衰、限衰，終身乞丐

假如身命居死絕之鄉，本宮不見吉化，更會羊、陀、火、鈴、空、劫諸服惡曜，而運限又無吉星接應，定主貧賤。

夾貴、夾祿、少人知，夾權、夾科、世所宜

假如丙丁壬癸生人，在辰戌安命，魁鉞加夾，更遇紫微天府日月權祿左右昌曲夾身，夾命，是為夾貴。富貴必矣。如甲生人，身命丑卯，而寅祿居中，是生成之祿，尤為上格。其餘者若甲寅、乙卯、庚申、辛酉四位，俱同此格。如甲壬人安命在子，廉貞化祿居限，破軍化權居丑，是科權祿夾命，定主富貴，餘倣此。

夾月夾日誰能遇夾昌曲主貴兮

假如太陽、太陰，在命身前後二宮夾命，不逢空、劫、羊、鈴，其貴必矣。如昌、曲夾命亦如之。

夾空夾劫主貧賤夾羊陀為乞丐

假如命化忌，遇天空、地劫、羊、陀等殺夾身命者，及廉、破、武等星值，定主孤寒下格。如不貧即夭。又如命化忌、廉又或羊、陀、火、鈴來夾者，亦為下格。或祿在生旺酉地，雖夾祿，羊、陀不為下格。空、劫不並臨，及三方遇權祿者，亦不在夾敗論，但逢殺連有災。

廉貞、七殺反為積富之人

廉貞屬火，七殺屬金，是火能制金，為權為福，如貞居未，殺居丑，身命遇之奇格也，反為積富。或陷地化忌，下格賤命。

天梁、太陰卻作飄蓬之客

太陰居卯辰巳午，俱為陷地。如亥、巳二宮遇天梁坐於身命，定主孤寒，不然飄蕩他鄉，耽戀酒色徒耳。又云：梁雖不陷，亦不作敦厚之人。

廉貞主下賤之孤寒，太陰主一身之快樂

假如身、命居巳、亥遇廉貞，乃為陷地。三方前後二宮又無吉星拱夾，必為貧賤。又如身命自未至子宮，遇太陰必主富貴，或吉多富貴不小，或吉少亦主刀筆功名。

先貧後富，武貪同身命之宮

假如立命丑未，二星同宮，蓋武曲之金剋貪狼之木，則木逢制化為有用。故先雖貧而後方富貴。又或得三方有昌、曲、左、右等星拱照，主貴。限逢科、權、祿則貴顯至矣。

先富後貧，只為運逢劫殺

如身命宮或有一二正曜，遷移亦遇吉。限至中年、限行絕地，兼遇劫、空、耗、殺等凶，則身命無力故後貧也。

出世榮華，權祿守財官之位

權、祿守財帛、福德，入廟吉多。定主榮華，身命值之亦然。

生來貧賤，劫空臨財福之鄉

劫空在財帛、福德二宮，多主人貧賤，如身命值之亦然。

文昌文曲為人多學多能，左輔右弼秉性克寬克厚

假如辰丑戌未，巳亥卯酉安命，遇吉限昌曲二星是也。有昌、曲坐命未宮，見羊、陀等殺者，災殃。故看法要活變，如左、右二星坐命，不拘星辰多少亦寬厚。

天府天相乃為衣祿之神，為仕為官定主亨通之兆

假如丑安命，巳、酉、府、相來朝，未安命，亥、卯府、相來朝是也。甲生人無殺依此斷，如加殺不是。

苗而不秀，科名陷於凶神

假如科星陷于空、劫、羊、陀之中，又或太陽在戌，化科、太陰在卯，雖為化吉，科、權、祿亦不為美也。

發不住財，祿主纏於弱地

假如化祿陷于劫、空是也，又或子、午、申、酉宮雖化祿無用，亦主孤貧。

七殺朝斗，爵祿榮昌

假如寅、申、子、午四宮安身命，七殺值之是也。亦要左、右、魁、鉞、昌、曲坐照相合，一生富貴榮華，或遇吉限尤美，若加殺不是。

紫府同宮終身福厚

如寅、申二宮安命，值紫微、天府同宮，三方有左、右、魁、鉞拱照，必主富貴，終身福厚。甲生人化吉極美。

紫微居午無殺湊，位至公卿

假如甲、丁、己生人，安命午宮，值之入格，主大貴。其餘宮亦主富足或小貴。

天府臨戌有星扶，腰金衣紫

假如甲、己生人安命戌宮，值之依此斷，加殺不是。要有魁、鉞、左、右、祿、權，主大富貴，如無此吉星，亦平常。

科權祿拱名譽昭彰

此為三化吉星。如身、命坐守，一化財帛、官祿宮，二化來合，是三合守照謂之科權祿拱是也。加吉星位至三公。

武曲廟垣威名赫奕

假如辰、戌二宮安命，值之上格。丑、未安命次之。宜見權、祿、左、右、昌、曲吉星，則依此斷。

科明祿暗，位列三台

假如甲生人安命亥宮，值科星守在命宮，又天祿居寅，則寅與亥合，故曰科明祿暗。

日月同臨，官居侯伯

假如命安丑宮，日、月在未，命安未宮，日、月在丑，謂之同臨是也。訣云：日、月同臨論對宮，丙辛人遇福興隆。

巨機同宮，公卿之位

假如辛乙生人，安命卯宮，二星守命更遇昌、曲、左、右，上格。如丙生人次之，丁生人亦主平常，其餘宮分不在此論。

貪鈴並守將相之名

假如辰、戌、丑、未、子宮安命，值之是為入廟，依此斷。如加吉惟子、辰二宮坐守尤佳，戊己生人合格。

天魁天鉞蓋世文章

如身命坐魁對宮天鉞，身命坐鉞對宮天魁，是謂坐貴向貴，更會吉化，其貴必然矣。

天祿天馬驚人甲第

如寅、申、己、亥四宮安命，值天祿、天馬坐守命宮，更三合吉守照，依此斷。加殺不是。

左輔文昌會吉星，尊居八坐

假如此二星坐守身命，更三方吉拱，依此斷。加殺劫、空不合此格。

貪狼火星居廟旺，名鎮諸邦

如辰、戌、丑、未四宮安命，值此上格。三方吉化拱照尤美。如卯宮安命，無殺次之。如羊、陀、劫、空不是。

巨日同宮，官封三代

寅宮安命值此，無劫空四殺上格，申宮次之。巳亥不為美。如巳宮有日守命垣，亥有巨者，上格。已有巨守命，亥有日者，不美下格。申有日守，巨來同垣，無殺加，平常之人。

紫府朝垣，食祿萬鍾

如寅宮安命，午、戌宮紫府來朝，申宮安命，子、辰二宮有紫、府來朝，是為人君訪臣之象，吉格也。更遇流祿巡逢必然位至公卿。如七殺在寅、申坐者，亦為上格。加四殺，加化忌為平常人也。

科權對拱，躍三汲於禹門

科、權二星在遷移，財帛、官祿三方對拱是也。或命宮有化科、權、祿三方守照，無殺亦然。

日月並明佐九重於堯殿

如安命丑宮，日在巳、月在酉，來朝照，為並明。辛乙生人合格。如丙生人主貴，丁生人主富，加四殺、空、劫忌平常。

府相同來會命宮全家食祿

三合照臨更遇本宮吉多，身命無敗，是為府相朝垣之格。富貴必矣。訣云：府相朝垣格最良，出仕為官大吉昌。

三合明珠生旺地，穩步蟾宮

如在未宮安命，日在卯宮，月在亥宮，來朝照，為明珠出海。定主財官雙美。如辰宮日守命，戌宮月對照，戌宮月守命，辰宮日對照；必主極貴。

七殺破軍宜出外

此二星會身命於陷地，主諸般手藝能精，出外可也。殺寅申軍巳亥論。

機、月、同、梁、作吏人

此四星必身命三合，曲全方准，刀筆功名可就，加殺化忌下格。訣云：寅申會同梁機月必定作吏人，若無四星二者難成。

紫、府、日、月居旺地，斷定公侯器

紫午宮，府戌宮，日卯辰巳，月酉戌亥，又化祿、科、權坐守身命是也。加殺劫、空、忌不是此格，美玉瑕玷。

日月科祿丑宮中，定是方伯公

丑未安命，日月化科祿坐守是也。如無吉化雖日月同宮，不為美也。訣云：日月丑未命中逢，三方無吉福無生，若還吉化方為美，方面威權福祿增。

天梁天馬陷，飄蕩無疑

巳亥申宮安命，值天梁失陷，而天馬同宮，又或陷於火羅空劫依此而斷。

廉貞殺不加，聲名遠播

殺謂四殺也。如卯宮安命，值之主貴，亦宜三合吉照是也。加殺平常，或在未申二宮坐命，無殺亦吉。

日照雷門富貴榮華

卯宮安命太陽坐守，更三方左、右、昌、曲、魁、鉞守照，富貴不小。甲乙庚辛生人合格，加刑忌四殺，亦主溫飽。

月朗天門進爵封侯

亥宮安命，太陰坐守，更三方吉拱，主大富貴。無吉亦主雜職功名，丙丁生人主貴，壬癸生人主富。

寅逢府相，位登一品之榮

寅宮安命，府午宮、相戌宮來朝，甲生人遇之是也。如加殺不是，如酉宮安命，丑府巳相來朝亦貴。

墓逢左右，尊居八座之貴

辰、戌、丑、未安命，二星坐守是也。或遷移、官祿、財帛三宮遇之，亦主福壽。

梁居午位官資清顯

午宮安命，天梁坐守是也。丁生人上格，己生人次之，癸生人主富，亦次之。

曲遇梁星位至台綱

午宮安命，二星同宮坐守上格。寅宮次之。或梁在午，曲在子拱沖者，官至二品之貴。

科祿巡逢周勃欣然入相

命宮有吉坐守、三方化吉拱沖，或命前三位遇科、權、祿皆主富貴。

文星暗拱賈誼允矣登科

如命宮有吉，遷移、官祿、財帛三方有昌、曲、科星朝拱者是也。

擎羊火星威權出眾，同行貪武威壓邊夷

辰、戌、丑、未四墓安命，遇羊、火星入廟，主文武雙全。兵權萬里。如貪狼、武曲守火旺地亦同此格斷。

李廣不封，擎羊逢於力士

二星守命縱吉，多平常之論。如殺最凶，女命不論。

顏回夭折，文昌陷於殀殤

如丑生人安命寅宮，其文昌陷於未宮殀殤。流年又遇七殺及羊、陀迭併之限，依此斷準。

仲由猛烈，廉貞入廟遇將軍

立命申宮此二星坐守是也。餘倣此。

子羽材能，巨宿同梁沖且合

羽命立申宮，子宮有天同，寅宮有巨門，辰有天梁，又得科、權、祿、左、右拱沖合此格是也。

寅申最喜同梁會

寅宮安命，值同梁化吉。甲庚及申生人富貴。又如申宮安命，值同、梁化吉，甲庚及寅生人富貴。

辰戌應嫌陷巨門

辰、戌二宮安命，值巨門失陷，主人作事顛倒，加殺主唇舌之非，刑傷不免，更遇惡限尤凶。

祿倒馬倒，忌太歲之合劫空

如祿馬臨敗絕空亡之地，而太歲流年復會地劫、天空，主駁雜災悔發不住財之論。

運衰限衰，喜紫微之解凶惡

如大小二限不逢吉曜，而身命有紫微守照，則限雖凶亦主平穩，蓋以身命有主故也。

孤貧多有壽，富貴即夭亡

如命主星弱，及財官子息陷地，亦宜減祿延壽是也。又如太歲坐命，主星又弱，或財官遷移化吉，或又行吉限，定主橫發不久，及十年二十年運過即殀亡也。

吊客喪門，綠珠有墜樓之厄

大小二限遇前有喪門，後有吊客及太歲逢凶星必遭驚險是也。

官符太歲，公冶有縲絏之憂

命身宮二星坐守，及二限又遇官符等殺，依此斷。

限至天羅地網，屈原溺水而亡

二限行至辰、戌二宮，逢武曲、貪狼，更有太歲、喪吊白虎及劫空四殺或一逢沖照，其限最凶。

運遇地劫天空，阮籍有貧窮之苦

二限十二宮中，但遇劫空二星，雖吉多亦財來財去，如見流年殺曜凶星，定主貧困。

文昌文曲會廉貞，喪命夭年

巳亥二宮安命值之是也。辛生人最忌。若武曲、天相財印之星隨宮，反為得權主貴。

命空限空無吉湊功名蹭蹬

如命限逢空加殺，其功名必不能就，或有正星吉化，逢空劫命限亦主燈火辛勤，不得上達。

生逢天空猶如半天折翅

命宮值天空坐守，作平常之論。尤恐中年跌剝，倘橫發必主凶亡。如命在亥，子時生人，命在巳，午時生人是也。

命中遇劫恰如浪裡行船

命宮遇地劫坐守，作平常論。亦不主財，若加殺忌尤甚凶。

項羽英雄限至天空而喪國

大小二限俱逢天空是也。

石崇豪富限行劫地以亡家

大小二限臨於失陷之地，更遇流陀等殺必凶。

呂后專權兩重天祿天馬

祿存又逢化祿及天馬同守命宮是也。

楊妃好色三合文曲文昌

命宮及財、官、遷、昌、曲照，更會太陰、天機必主淫佚。

天梁遇馬女命賤而且淫

如寅、申、巳、亥四宮安命，遇天馬坐守，而三方遇天梁合照是也。

昌曲夾墀男命貴而且顯

太陽為丹墀，太陰為桂墀，如太陽、太陰在丑未安命，而前後二宮有左、右、昌、曲來夾是也。

極居卯酉多為脫俗僧人

紫微為北極，如坐守命宮加殺定主僧道，無殺加吉化左、右、魁、鉞主貴。

貞居卯酉定是公胥吏輩

卯、酉安命，廉貞坐守加殺，必作公門胥吏僕役。

左府同宮尊居萬乘　辰、戌二宮安命，值此二星坐守，更會三方吉化拱沖，必居極品之貴。

廉貞七殺流蕩天涯　巳、亥二宮安命，值此二星更加殺、化忌，逢空、劫流蕩天涯，不得守家，軍商在外艱辛。

鄧通餓死運逢大耗之鄉　通命安在子宮，二限行至夾限之地，大耗逢之更會惡曜是也。

夫子絕粮限到天殤之內　與上同斷。

鈴星羅武限至投河　此四星交會辰、戌二宮，辛、壬、己生人，二限行至辰、戌定遭水厄，又加惡殺必死外道，如四星在辰、戌坐命亦然。

巨火擎羊終身縊死　此三星坐守身命，大小二限又逢惡殺，則不美，依此斷。

命裡逢空不飄流即主疾苦　如命宮不見正星，單值天空坐守，更三合加殺化吉，依此斷。如吉亦不太甚也。

馬頭帶劍非夭折則主刑傷　擎羊在午守命，卯次之，酉又次之，為羊刃落陷是也。寅、申、巳、亥四宮陀羅守命亦然，如辰、戌、丑、未不忌。

子午破軍加官進祿　子、午二宮逢破軍守命，加吉星必然位至三公。

昌貪居命粉骨碎屍　如巳、亥二宮安命，值此二星坐守，加殺化忌夭亡，官祿宮遇之亦是。

朝斗仰斗爵祿榮昌　七殺守命旺宮是也。如子、午、寅、申為朝斗，三方為仰斗，入格者富貴。若居遷移、官祿二宮不在此論。

文桂文華九重貴顯

文昌為文桂，文曲為文華。如丑、未安命值之更化吉。及三合吉星拱夾是也，或無吉化雖昌、曲無用耳。

丹墀桂墀早遂青雲之志

丹墀謂日，居卯、辰、巳，桂墀謂月，入酉、戌、亥此六宮身命遇之是也。亦宜見昌、曲、魁、鉞。

命祿拱祿定為巨擘之臣

祿存與化祿在財、官二宮合命，或命坐祿，而遷移有祿拱皆主富貴。訣云：合祿拱祿堆金玉，爵位高遷衣紫袍。

陰陽會昌曲出世榮華

如命坐陰、陽，財、官二宮昌、曲來會，或命坐昌、曲，財官日月來會，更遇魁、鉞吉星富貴必矣。

輔弼遇財官衣緋著紫

如身命有正星化吉，遇三方財帛、官祿宮有輔弼來朝是也。

巨梁相會廉貞併，合祿鴛鴦一世榮

巨梁貪廉四星身命三命相逢廟地，並吉。又如祿存化祿居夫妻宮有祿來合亦主富貴。

武曲閑宮多手藝貪狼陷地作屠人

武曲巳亥宮守命加殺者，手藝安身。貪貞巳、亥加殺，夭壽。

天祿朝垣身榮貴顯

如甲生人立命寅宮，甲祿到寅守命亦作天祿朝垣格。又如庚祿居申、乙祿居卯，辛祿居酉，此四位祿存守命宮，俱依此對。在巳、亥、子、午四宮，不為祿朝垣格也。

魁星臨命位列三台

如午宮安命，紫微守坐，遇文、昌、魁、鉞同宮，丙生人奇格。

武曲居乾戌亥上最怕太陰逢貪狼

武曲在戌、亥守命，三方見太陰、貪狼、化忌加殺不為美也。定主少年不利，或有貪、火沖破主貴者，甲、己、壬生人合格。

化祿還為好休向墓中藏
如武曲、太陰、貪狼、化祿守照命宮，更加吉曜亦富貴，但辰、丑、未、戌四宮雖化吉無用。

子午巨門石中隱玉
子午二宮安身命，值巨門坐守，更得寅、戌、申、辰，科祿合照富貴必矣。

明祿暗祿錦上添花
如甲生人立命亥宮，得化祿坐守，又得寅祿來合，蓋寅與亥合之謂也。與前科明祿暗祿格同斷。

紫微辰戌遇破軍，富而不貴有虛名
辰、戌二宮安命，遇紫微、破軍實為陷地，必不貴也。縱使發財亦無實受。

昌曲破軍逢，刑剋多勞碌
如卯、酉、辰、戌破軍守命，雖得文昌、文曲亦非全吉，若刑剋化忌亦不足貴。

貪武墓中居，三十纔發富
如辰、戌、丑、未四宮，若得二星守命，主少年不利，加化忌夭。訣云：貪武不發少年人，運過三十方延壽。

天同戌宮為反背，丁人化吉主大貴
蓋天同在戌宮本陷，如遇丁生人，而寅午宮祿存、化祿、更得寅、辰化吉沖照拱，定主大貴。天相亦然，加殺僧道下局。

巨門辰戌為陷地，辛人化吉祿崢嶸
辰戌巨門坐命，本為陷地。如辛生人巨門化祿在辰，則酉祿暗合，在戌則酉祿夾命，必主富貴，加殺非也。

機梁酉上化吉者，縱遇財官也不榮
酉宮安機梁，實為相地。雖逢凶化吉無力，巨門亦然。

日月最嫌反背乃為失輝
太陽在申、酉、戌、亥、子，太陰在寅、卯、辰、巳、午，則日月無輝，何貴之有。然有日月反背而多富貴者，要看本宮三合有吉化拱照不加煞忌也。故玉蟾先生嘗曰數中議論最精惟新法，在人活變耳。

身命定要精求，恐差分數

欲安身命，先辨時辰，時真則無不應。身命既定，則看本宮生旺死絕何如，然後依星推斷。

陰隲延年增百福，至於陷地不遭傷

身命雖弱及行弱限，反得福德。此必心好陰隲所負。余家內之舍親，李逢春隨兄任湖廣，遇一相師相他壽促，可往還之，及至中途風雨見一貧者，周之錢米，其人感德將親女陪奉，逢春固辭而回後無一恙，復至兄任。相師見之，笑曰：先生陰隲相現矣，然當居台閣。再三問之春不對，及後徐詳方知其故，今果遊泮此其驗也。

命實遇堅槁田得雨，命衰限弱嫩草遭霜

如命坐陷地卻有四面吉拱亦為福論。又如命生陷地，運逢惡殺，必主災悔，若夫命實運堅其福不必言矣。

論命必推星善惡，巨破擎羊性必剛

此三星守命，若居陷地不但性剛而已，也定主唇舌是非，加殺傷財破敗。

府相同梁性必好，失劫空貪性不常

府相同梁皆南斗，純陽助中之星，身命值之必得中和之性。若貪狼遇火固當富貴，但空劫臨之則依此斷。

昌曲祿機清秀巧，陰陽左右最慈祥

昌、曲、祿、機守命，不加四殺主人磊落英華，聰明秀麗，亦當富貴。如陰、陽、左、右坐守，命不加殺主人清奇敦厚，度量寬洪，富貴之論。

武破貞貪沖合局全固貴，羊陀七殺相雜互見刑傷

身命三合遇武、破、廉、貪守照，更得化吉富貴必矣。要知紫微能降七殺威權，能使羊、陀相善，故紫微同居命宮固佳，在三方沖合亦可。但七殺、羊、鈴終非吉兆之曜，到老亦不得善終也。

貪狼廉貞破軍惡，七殺擎羊陀羅凶

身命三合有六星守照，更兼化忌不見吉，定主淫邪破敗，或主刑剋，如入廟化吉亦與前同看。

火星鈴星專作禍，劫空傷使禍重重

大小二限值此凶星、定主災悔多端，如身、命逢之加吉，火鈴無害，劫空不宜。

巨門忌星皆不吉，運身命限忌相逢

夫忌星乃多管之神，十二宮身、命二限逢之，皆主不吉。況巨門本非吉曜，若陷地值此何吉之有。

更兼太歲官符至，官非口舌決不空

夫太歲、官符本為興訟之神，況巨門乃是非之曜，又兼化忌臨之其官非口舌必不能免。

吊客喪門又相遇，管教災病而相攻

夫吊客、喪門本主刑孝，但不逢七殺刑刃猶或可免，然災病則必有也，況忌星最能生疾。

七殺守身終是夭，貪狼入命必為娼

七殺守身命、陷地加凶，依此斷。如貪狼守命雖不加殺或在三合照臨亦主淫佚，如加殺陷地則男主飄蕩，女主淫亂。秘云：貪狼三合相臨照，也學韓君去偷香。

心好命微亦主壽，心毒命固亦夭亡

上句即前陰騭論之說，下句與上句反者便見。譬如諸葛孔明用智燒藤甲軍，乃減數年之壽是也。

今人命有千金貴，運去之時豈久長，數內包藏多少理，學者須當仔細詳。

女命骨髓賦註解

廉相之星女命纏，必當子貴與夫賢 午宮安宮二星坐守，甲生人合格。子宮安命二星坐守己生人合格。申宮安命二星坐守，庚生人合格。必作命婦榮膺封誥是也。

廉貞清白能相守 此星未宮安命，甲生人合格。申宮坐命，癸生人合格。寅宮坐命，己生人合格。俱為上格看。

更有天同理亦然 此星寅宮坐命，甲生人合格。卯宮坐命，乙生人合格。戌宮坐命，丁生人合格。巳宮坐命，丙生人合格。亥宮坐命，丙辛人合格。必定主富貴。

端正紫微太陽星，早遇賢夫性可憑 子、巳、亥三宮安命，二星坐守主富貴。

太陽寅到午遇吉終是福 太陽午宮安命，定主富貴，陷地平常。

左輔天魁為福壽，右弼天相福來臨 四星諸宮得地，如身、命值此坐守，定主福壽榮昌。

祿存厚重多衣食，府相朝垣命必榮 祿存諸宮守命，並見紫、府、武曲三合守照，不富即貴。惟立命在寅祿存在申、立命在申祿存在寅為朝垣之格。甲庚生人上局，乙辛生人次之。如丙、戊、丁、己、壬、癸生人遇祿存在巳、亥、子、午安命，不吉。

紫府巳亥互輔，左右扶持福必生 巳、亥二宮安命，遇紫、府、左、右守照、沖夾，更廉化吉星，主富貴必矣。

巨門天機為破蕩 寅、卯、申宮安命，巨、機逢之雖為旺地，然終福不全美。

天梁月曜女命貧 巳、亥安命，天梁值之，寅、辰安命，太陰值之，縱使貞正衣祿不遂。假如陷地，則主下賤。

擎羊火星為下賤 此二星守命，旺宮猶可。但刑剋不免耳。如居陷地加殺，主下賤，不然則夭。

文昌文曲福不全 此二星宜男不宜女。惟亦主聰明伶俐。

武曲之宿為寡宿 此星宜男不宜女，如值太陰得令、三方吉拱、可為女將。如陷地遇昌、曲加殺則主孤貧。

破軍一曜性難明 此孤獨淫佚之星，女人不宜，加四殺必因奸謀夫、因妒害子，不然則為下賤婢娼可也。

貪狼內狠多淫佚 此名為桃花，乃好色之星，不容妾婢心有嫉妒，因奸謀夫害子，縱不至此，其淫佚最驗。

七殺沉吟福不榮 此將相之星，若居廟旺主為女將。秘云：機月寅申女命逢，惡殺加之淫巧容，便有吉化終不美，偏房侍奉主人翁。

十干化祿最榮昌，女命逢之大吉昌，
更得祿存相湊合，旺夫益子受恩光 如命坐化祿，又得祿存沖合或巡逢或同宮，皆主命婦之貴。不然亦主大富，必生貴子。

火鈴羊陀及巨門，天空地劫又相臨，
貪狼七殺廉貞宿，武曲加臨剋害侵 大抵此數星女命不宜逢，如內逢一二衽主淫賤，若併見之其下賤貧夭必矣。

三方西正嫌逢殺，更在夫宮禍患深，
若值本宮無正曜，必主生離剋害真 此論前數星之中，惟七殺三方、四正身、命、夫宮俱不宜見，見之者要依此斷方可驗也。

已前論賦俱係看命要訣，學者宜熟玩之乃得原委也。

太微賦註解

祿逢沖破，吉處藏凶

假如身、命宮逢祿存，或三合有祿卻被忌來沖破反為凶兆，如限步到於祿存，凶星同聚亦以為凶也。

馬遇空亡，終身奔走

假如甲生人之截路、空亡在申，傍空在酉，若安命在申，主人終身奔走，宜僧道。

絕處逢生花而不敗

假如土、水人安命在巳，為絕地，卻得金生在巳，金生水不絕，為母來救子之理。凡寅、申、巳、亥為四絕又為四生。

星臨廟旺再觀生剋之機，命坐強宮細察制化之理

假如水、土生人，墓庫在辰，若與財帛同度為財庫，與官祿同為官庫，與祿存同為天庫。耗殺同為空庫，遷移同為劫庫。凡辰、戌、丑、未為四墓庫，此亦屬納音而論。

日月最嫌反背

假如日在戌、酉、亥、子、丑，月在卯、辰、巳、午、未皆為反背，仍看上弦下弦月。在上弦望日吉，下弦晦日。若日、月同垣便看人生時，日喜太陽，月喜太陰，方可論禍福。

祿馬最喜交馳

假如甲祿在寅，而申子辰生人馬亦在寅，遇此得地，謂之祿馬交馳。

空亡定要得用，天空最為緊要

假如身、命宮，惟金空則鳴、火空則發、二限逢之反為福論。若水空則泛，木空則折，土空則陷為禍矣。

若逢敗地，專看扶持之曜，大有奇功

假如命在敗絕地，有祿存、化祿、扶持反美。

紫微天府全依輔弼之功

假如命遇紫、府，又得輔、弼守照，終身富貴。

七殺破軍專依羊鈴之虐

假如身、命遇七殺、破軍，又會羊、鈴守照，有制方可。

諸星吉逢凶也吉，諸星凶逢吉也凶

假如三方身命，但吉多凶少則吉，凶多吉少則凶，仍看吉、凶星得垣，失陷與夫生尅制化以定禍福。

輔弼夾帝為上品，桃花犯主為至淫

假如身、命紫微與貪狼同垣，男女邪淫奸詐巧謝得後悟，得輔、弼夾帝貪狼受制則不拘此論。

君臣慶會才善經邦

假如紫微守命，得天相、昌、曲，天府得天同、天梁相助，紫微得夾，為君臣慶會，逢之無不富貴。但有金星與刑忌四星同度謂之奴欺主，臣蔽君，反為禍亂，須要推詳，如安祿山之命是也。

魁鉞同行位居台輔，祿文拱命貴而且富

例如魁、鉞守身、命，兼得權、祿、昌、曲吉曜來拱，無不富貴。但有刑忌相沖則平常，只宜僧道。

馬頭帶劍鎮禦邊疆

假如午宮安命，遇有天同、太陰、擎羊，丙、戊人逢之化吉。雖以羊刃在命，以為美論，富貴皆可許也，只不耐久。

刑囚夾印刑杖惟司

假如身、命有天相卻被羊、貞夾之，主人逢官非受刑杖，終身不能發達，只宜僧道。

善蔭朝綱仁慈之長

假如機、梁二星守身、命，在辰、戌宮兼化吉相助，以為富貴，加刑、忌、耗、殺，僧道宜之。

貴入貴鄉逢者獲祿

假如身、命遇有貴人，又兼吉曜權、祿來助，逢之必富貴。限遇之，亦主發福。

財居財位遇者富奢

假如紫微、天府、武曲居於財帛之宮，又兼化權、化祿及祿存必主富奢。二限若逢，大主發積。

太陽居午謂之日麗中天，有專權之位敵國之富

假如身命坐於午宮，遇有太陽，庚辛生人日生者，富貴全美。女人逢之旺夫益子，封贈夫人。

太陰居子號曰水澄桂蕚，得清要之職忠諫之材

假如身、命坐於子宮，遇有太陰，丙丁生人夜生者，富貴全美。心無私曲，有忠諫之材。

紫微輔弼同宮一呼百諾

假如紫微守於身、命，有左、右同宮來扶持，富貴以為終身全美之論。

文耗居於寅卯眾水朝東

假如身、命居寅、卯，遇昌、曲、破軍，都有刑殺沖破，一生驚駭。限步到此須逢吉則平，遇凶更不吉，終身辛苦費心勞力。

日月守不如照合，蔭福聚不怕凶危

假如日、月守身、命，雖會吉曜不為全美，如逢凶星定有凶災。如是三合於命兼化吉以為美也。蔭福即天梁、天同，如在身、命，逢吉不怕凶災，便有刑忌不論也。

貪居亥子名為泛水桃花

假如身、命坐於亥、子，遇貪狼逢吉曜以吉論。如遇刑忌男浪蕩、女淫娼。

刑遇貪狼號曰風流綵杖

假如貪狼、羊刃同垣，身、命於寅宮，為人聰明更主風流。若遇閑宮則平常。余詳之非也，寅宮無擎羊到位，只有陀羅所值，後學要明此論。

七殺廉貞同位路上埋屍，

假如身、命值此二星守之，加化忌耗殺亦依上斷，或在遷移宮亦然。暗曜指巨門，亦同上斷。

破軍暗曜同鄉水中作塚

祿居奴僕縱有官也奔馳

假如身、命宮星平常，奴僕宮又得祿存及化權、祿吉曜以為美論，只是勞碌。

帝遇凶徒雖獲吉而無道

假如紫微守身、命，遇有權、祿、刑、忌同位，雖吉無凶只是為人心術不正。

帝坐命庫，則曰金輿扶御輦，

臨官文曜，號為衣錦惹天香　假如紫微守命，前有吉曜來呼號者是也。必當大權之職，臨官同昌、曲主福德宮亦然。

太陽會文昌於官祿，皇殿首班之貴　假如太陽會文昌於官祿，逢吉曜富貴必作宰相。

太陰同文曲於妻宮，蟾宮折桂之榮　假如太陰、文曲同於妻宮，又兼吉曜來扶，限步又逢至此，男子蟾宮折桂，女子招貴受封贈。

祿存守於田財，則堆金積玉　假如祿存星守於田、財二宮，主大富。

財蔭坐於遷移，必巨商高賈　財即武曲、蔭即天梁，此二星或一化權、祿與吉星坐遷移宮，必作巨商高賈，若加刑、忌、殺湊平常。

殺居絕地，天年夭似顏回　假如命坐寅、申、巳、亥，逢七殺加刑忌又值某星所絕，縱有吉曜合照，限臨則凶矣。

耗居祿位，沿途乞食　假如耗星守官祿宮，又逢刑忌及寅、午、戌生人命坐午宮，巳、酉、丑生人命坐酉宮，亥、卯、未生人命坐卯宮，申、子、辰生人命坐子宮是。

貪會旺宮，終身鼠竊　假如耗星會貪狼守身、命、官祿之位，主爲人貧窮終身爲竊盜之人。

忌暗同居命宮疾厄，困弱尫羸　假如身、命宮疾厄又逢巨門、擎羊、陀羅，為人貧困體弱殘疾祖業波蕩，奔波勞碌之人也。

刑殺會廉貞於官祿，枷杻同流　假如刑、殺、廉貞守官祿之宮，流年二限到此不為禍患定遭刑。

官符夾刑殺於遷移，離鄉遭配

假如流年官符與當生官符夾刑殺於遷移之宮，太歲小限若到此必遭刑貶配離祖之論。

面對面朝斗格　子、午宮逢祿存是也

（此文解釋在『紫微斗數全書詳析上冊』第182頁）

詩曰　祿有對面在遷移　子午逢之利祿宜　德合吉壤人敬重　雙全富貴福稀奇

論科權祿主格

詩曰　祿權周勃命中逢　入相王朝贊聖功　迎合權星兼吉曜　巍巍富貴列三公

論左右朝垣格

詩曰　天星左右最高明　若在三方祿位與　武職高登應顯佐　文人名譽列公卿

論兼文武格　文曲武曲在身命是也

詩曰　格名文武少人知　遇此須教百事通　更值命宮無殺破　滔滔榮顯是英雄

論文星朝命格

詩曰　文昌文曲最榮華　值此須生富貴家　更得三方祥曜拱　卻如錦上又添花

論石中隱玉格　命在子午逢巨門是也

詩曰　巨門子午二宮逢　身命逢之必貴榮　更得三方科祿拱　石中隱玉是豐隆

論貪狼遇火名為火貴格　三合照身命是也

詩曰　火遇貪狼照命宮　封侯食祿是英雄　三方倘若無凶殺　到老應知福壽隆

論人有無商賈之命，如人命有巨、日、紫、府守照，為人安分，有仁德，耿直之心作事無私，不行邪僻不肯妄求，為士為官主有廉潔。如值月、貪、同、殺、忌、心多機關貪財無饜，暮夜求利之輩。（此文解釋在『紫微斗數全書詳析上冊』第188頁）

詩曰　貪月同殺會機梁　因財計利作經商　須知暮夜無眠睡　潮海營營自走忙

又曰　經商紫府遇擎羊　武曲遷移利市場　殺破廉貞同左右　羊鈴火宿遠傳揚

論人命有無術藝者。寅、申、巳、亥安命，或辰、戌、丑、未遇有貪狼、武曲在命，化忌加殺必作細巧藝術之人也。

詩曰　閑宮貪狼何生業　不是屠人須打鐵　諸般巧藝更能精　性好遊畋并捕獵

又曰　破武未宮多巧藝　巳亥安命正相宜　破軍廉貞居卯酉　細巧之人定藝奇

又曰　天機天相命身中　帝令財星入墓宮　天府若居遷動位　平生定是作奇工

論出家僧道之命。紫微居卯、酉遇劫、空者，看命無正星又兼羊、火、劫、空、化忌者，更看父母、妻、子三宮有殺者，方可斷。及寅年申月巳日亥時四正殺湊化忌，男僧道，女尼姑。

詩曰　極居卯酉遇劫空　十人之命九人僧　道釋岩泉皆有分　清閑幽靜度平生

又曰　命坐空鄉定出家　文星相會實堪誇　若還文曲臨身命　受蔭清閑福可嘉

又曰　天機七殺破梁同　羽客僧流命所逢　更若太陽兼帝座　伶仃孤剋命方終

（此文解釋在『紫微斗數全書詳析上冊』第192頁）

論人命內犯孤剋者。如剋妻、剋子、剋父母，內犯一二不為僧道亦作貧賤之人。第一看父母在廟旺地有無吉凶星辰，如在陷加殺化忌必主刑剋。第二又看妻妾宮，三看子女宮，廟陷之地有無吉凶星辰，如在陷加殺化忌必鰥寡孤獨論斷。

論壽夭淫蕩

詩曰　貪狼入廟最高強　南極星同壽命長　北斗帝星無惡殺　綿綿老耋衍禎祥

又曰　七殺臨身終是夭　貪狼入廟定為娼　前示三合相臨照　也學韓君去竊香

又曰　身命兩宮俱有殺　貪花戀酒禍猶深　平生二限來符會　得意之中卻又沈

論定人殘疾，先看命宮星，落陷加羊、陀、火、鈴、劫、空、忌宿，又看疾厄宮星廟陷吉凶，而斷可也。

（此文解釋在『紫微斗數全書詳析上冊』第196頁）

詩曰　命中羊陀殺守身　火鈴坐照福非輕　平生若不常年臥　也作陀腰曲背人

論定人破相

詩曰　相貌之中逢殺曜　更加三合又逢刑　疾厄擎羊逢耗使　折傷肢體不和平

（此文解釋在『紫微斗數全書詳析上冊』第197頁）

論定人聰明

詩曰　文曲天相破軍星　計策偏多性更靈　更若三方昌曲會　一生巧藝有聲名

論定人富足

詩曰　太陰入廟有光輝　財入財鄉分外奇　破耗凶星皆不犯　堆金積玉富豪兒

論定人貧賤

詩曰　命中吉曜不來臨　火忌羊陀四正侵　武曲廉貞巨破會　一生暴怒又身貧

論定人作盜賊

詩曰　命逢破耗與貪貞　七殺三方照及身　武曲更居遷動位　一生面背刺痕新

論定人一生駁雜

詩曰　吉曜相扶凶曜臨　百般巧藝不通亨　若逢身命遇惡曜　只做屠牛宰馬人

定富貴貧賤十等論

（此文解釋在『紫微斗數全書詳析上冊』第203頁）

福壽論　如南人天同、天梁坐命廟旺，主福壽雙全，如北人紫微、武曲、破軍、貪狼坐命旺宮，主福壽。

聰明論　如文昌、文曲、天相、天府、武曲、破軍、三台、八座、右弼，三合拱照，主人極聰明。

威勇論　如武曲、文昌、擎羊、七殺坐命宮，得權、祿，三方又得紫微、天府、左、右拱照，主人威勇。

文職論　如文昌、文曲、左輔、右弼、天魁、天鉞坐命旺宮，又得三方四正科、權、祿拱，主為文官。

武職論　如武曲、七殺坐命廟旺宮，又得三台八座加化權、祿及天魁、天鉞並拱，主為武職。

刑名論　如擎羊、陀羅、火、鈴星，武曲、破軍帶殺加吉，湊合三方四正無凶不陷，主刑名。

富貴論　如紫微、天府、天相、祿、權、科、太陰、太陽、文昌、文曲、左輔、右弼、天魁、天鉞，守照拱沖主大富貴。

貧賤論　如擎羊、陀羅、廉貞、七殺、武曲、破軍、天空、地劫、忌星，三方四正守照拱沖，諸凶併犯陷地，主貧賤。

疾夭論　如貪狼、廉貞、擎羊、陀羅、天空、地劫、火、鈴、忌星，三方守照，主疾夭或疾厄，相貌宮亦然。

僧道論　如天機、天梁、七殺、破軍、天空、地劫，併犯帝座紫微，又或耗殺加臨，主為僧道。草

十二宮諸星得地合格訣

（此文解釋在『紫微斗數全書詳析上冊』第209頁）

子安命　子宮貪狼殺陰星　機梁相拱福與隆　庚辛乙癸生人美　一生富貴足豐榮

丑安命　丑宮立命日月朝　丙戊生人福祿饒　正坐平常中局論　對照富貴禍皆消

寅安命　寅宮巨日足豐隆　七殺天梁百事通　甲己庚人皆為吉　男子為官女受封

卯安命　卯宮機巨武曲逢　辛乙生人福氣隆　男子為官縻廩祿　女人享福受褒封

辰安命　辰位機梁坐命宮　天府戌地最盈豐　腰金衣紫真榮顯　富華貴耀直到終

巳安命　巳位天機天相臨　紫府朝垣福更深　戊辛壬丙皆為貴　一生顯遂少災侵

午安命　午宮紫府太陽同　機梁破殺喜相逢　甲丁己癸生人福　一世風光廩祿豐

未安命　未命紫武廉貞同　日月巨門喜相逢　女人值此全福壽　男子逢之位三公

申安命　申宮紫帝貞梁同　武曲巨門喜相逢　甲庚癸人如得喜　一生富貴逞英雄

酉安命　酉宮最喜太陰逢　巨日又逢當面沖　辛乙生人為貴格　一生福祿永亨通

戌安命　戌宮紫微對沖辰　富而不貴有虛名　更加吉曜多權祿　只利開張貿易人

亥安命　亥宮最喜太陰逢　若人值此福祿隆　男女逢之皆稱意　富貴榮華直到終

十二宮諸星失陷破格訣

（此文解釋在『紫微斗數全書詳析上冊』第237頁）

子丑安命　子午天機丑巨鈴　此星落陷果為真　縱然化吉更為美　任他富貴不清寧

寅安命　寅上機昌曲月逢　雖然吉拱不豐隆　男為伴僕女娼婢　若非夭折即貧窮

卯辰安命　卯上太陰擎羊逢　辰宮巨宿紫微同　縱然化吉非全美　若非加殺到頭凶

巳安命　巳宮武月天梁巨　貪宿廉貞共到蛇　三方吉曜皆不貴　下賤貧窮度歲華

午安命　午宮貪巨月昌從　羊刃三合最嫌沖　雖然化吉居仕路　橫破橫成到老窮

未安命　未宮巨宿太陽嫌　縱少災危有剋傷　勞碌奔波官事至　隨緣下賤度時光

申酉安命　申宮機巨為破格　男人浪蕩女人貧　二宮若然桃花見　男女逢之總不榮

戌安命　戌上紫破若相逢　天同太陽皆主凶　若還孤寒更夭折　隨緣勤苦免貧窮

亥安命　亥宮貪火天梁同　飄蕩浪子走西東　若還富貴也年促　不然隸僕與貧窮

十二宮諸星得地富貴論

（此文解釋在『紫微斗數全書詳析上冊』第251頁）

子宮得地太陰星，殺破昌貪文曲明，丑未紫破朝日月，未貞梁丑福非輕。

寅宮最喜逢陽巨，七殺天同梁又清，卯上巨機為貴格，武曲守卯福豐盈。

辰戌機梁非小補，戌宮天府累千金，巳亥天機天相貴，午宮紫府梁俱榮。
申宮貞巨陰殺美，酉戌亥上太陰停，卯辰巳午陽正照，紫府巨宿巳亥興。
亥宮天府天梁吉，子宮機宿亦中平，七殺子午逢左右，文曲加之格最清。
廉坐申宮逢輔弼，更兼化吉禍尤興。
武曲巳亥逢，六甲帥邊庭。貪狼居卯酉，遇火作公卿。
天機坐卯貴，寅月六丁榮。巨卯逢左右，六乙立邊庭。
巨坐寅申位，偏喜甲庚生。二宮逢七殺，左右會昌星。
辰戌遇三宿，必主位公卿。

十二宮諸星失陷貧賤論

（此文解釋在『紫微斗數全書詳析上冊』第258頁）

丑未巨機為值福，失陷此月福須輕。卯酉不喜逢羊刃，辰戌紫破朝羅網。
辰休戌囚貪貞陷，午宮陰巨不堪稱。申宮貪武為下格，酉逢機巨日無精。
卯辰巳午逢陰宿，戌亥逢陽亦不榮。貪殺巳亥居陷地，破軍卯酉不為清。
加殺遇劫為奸盜，此是刑邪不必論。

貪狼化祿居四墓，縱然遇吉亦中平。命纏弱地休逢忌，空劫擎羊加火鈴。
若非夭折主下賤，六畜之命不可憑。旺地發福終遠大，陷地崢嶸到底傾。
二論不過五百字，富貴貧賤別得明。

定富局

（此文解釋在『紫微斗數全書詳析上冊』第262頁）

財蔭夾印 相守命，武、梁來夾是也，田宅宮亦然。

財祿夾馬 馬守命，武、祿來夾是也，逢生旺尤妙。

日月照壁 日、月臨田宅宮是也，喜居墓庫。

日月夾財 武守命，日、月來夾是也，財帛宮亦然。

蔭印拱身 身臨田宅，梁、相拱沖是也，勿坐空亡。

金燦光輝 太陽單守，命在午宮是也。

定貴局

（此文解釋在『紫微斗數全書詳析上冊』第267頁）

日月夾命 不坐空亡，逢本宮有吉星是也。

日出扶桑 日在卯守命是也，守官祿宮亦然。

月落亥宮　月在亥守命是也。又名月朗天門。

輔弼拱主　紫微守命，二星來拱是也，夾之亦然。

財印夾祿　祿守命，梁、相來夾是也，入財宮亦然。

坐貴向貴　謂魁、鉞在命，迭相坐拱是也。

馬頭帶劍　謂馬有刃是也，不是居午格。

日月並明　見前註解。

日月同臨　見前註解。

科權祿拱　見前註解。

武曲守垣　武守命卯宮是也，餘不是。

紫府朝垣　見前註解。

月生滄海　月在子宮守田宅是也。

君臣慶會　紫微、左、右同守命是也，更會相、武、陰妙上。

祿馬佩印　馬前有祿、印星同宮是也。

七殺朝斗　見前註解。

明珠出海　見前註解。

刑囚夾印　天刑、廉貞同臨身命，主武勇之人。

貪火相逢　請二星守命同居廟旺是也。

府相朝垣　見前註解。

文星暗拱　見前註解。

權祿生逢 二星守命，廟旺是也，陷不是。

巨機居卯 見前註解。

科明暗祿 見前註解。

定貧賤局

生不逢時 命坐空亡，逢廉貞是也。

馬落空亡 馬既落空亡，雖祿沖會無用，主奔波。

財與囚仇 武、貞同守身、命是也。

君子在野 謂四殺守身，命而言，臨陷地是也。

擎羊入廟 辰、戌、丑、未守命，遇吉是也。

明祿暗祿 見前註解。

金輿扶駕 紫微守命，前後有日月來夾是也。

（此文解釋在『紫微斗數全書詳析上冊』第274頁）

祿逢兩殺 祿坐空亡，又逢空、劫殺星是也。

日月藏輝 日、月反背又逢巨暗是也。

一生孤貧 謂破守命居陷地是也。

兩重華蓋 謂祿存、化祿坐命，遇空劫是也。

定雜局

風雲際會　身命雖弱二逢祿馬是也。

祿衰馬困　限逢七殺、祿馬、空亡是也。

步數無依　前限接後限連綿不分是也。

吉凶相伴　命有主星，限吉則發，限衰不發是也。

（此文解釋在『紫微斗數全書詳析上冊』第278頁）

錦上添花　謂限逢惡星而行吉地是也。

衣錦還鄉　少年不遂，四十後行墓運是也。

水上駕屋　一年好一年不好是也。

枯木逢春　謂命衰限好是也。

安身命例 要知與五星大不同

（此文解釋在『紫微斗數全書詳析中冊』第11頁）

大抵人命俱從寅上起正月，順數至本生月止，又自人生月上起子時，逆至本生時安命。順至本生時安身。

假如正月生，子時就在寅宮安命身，丑時逆轉丑安命，順去卯安身。寅時逆轉子安命，順至辰安身。餘宮仿此。又若閏正月生者，要在二月內起安身命。凡有閏月俱要依此為例。納音甲子歌務要熟讀，就如甲生人安命在寅，卻起甲己之年。丙寅首是丙寅丁卯爐中火，卻去火局尋某日生期起紫微帝王。如是正月初一生者是火局，酉宮有初一日，就從酉宮起紫微庶無差悞。若錯了則差之毫釐失之千里矣。

安十二宮例 男女俱從逆轉切記莫順去

（此文解釋在『紫微斗數全書詳析中冊』第11頁）

一命宮　二兄弟　三妻妾　四子女　五財帛　六疾厄　七遷移　八奴僕　九官祿

十田宅　十一福德　十二父母

起五行寅例

甲己之歲起丙寅　乙庚之歲起戊寅　丙辛之歲起庚寅　丁壬之歲起壬寅　戊癸之歲起甲寅

六十花甲子納音歌

（此文解釋在『紫微斗數全書詳析中冊』第18頁）

甲子乙丑海中金　丙寅丁卯爐中火　戊辰己巳大林木　庚午辛未路旁土　壬申癸酉劍鋒金

甲戌乙亥山頭火　丙子丁丑澗下水　戊寅己卯城頭土　庚辰辛巳白蠟金　壬午癸未楊柳木
甲申乙酉泉中水　丙戌丁亥屋上土　戊子己丑霹靂火　庚寅辛卯松柏木　壬辰癸巳長流水
甲午乙未沙中金　丙申丁酉山下火　戊戌己亥平地木　庚子辛丑壁上土　壬寅癸卯金箔金
甲辰乙巳覆燈火　丙午丁未天河水　戊申己酉大驛土　庚戌辛亥釵釧金　壬子癸丑桑柘木
甲寅乙卯大溪水　丙辰丁巳沙中土　戊午己未天上火　庚申辛酉石榴木　壬戌癸亥大海水

安南北諸星訣

（此文解釋在『紫微斗數全書詳析中冊』第23頁）

紫微天機逆行旁　隔一陽武天同當　又隔二位廉貞地　空三復見紫微郎
天府太陰與貪狼　巨門天相及天梁　七殺空三破軍位　八星順數細推詳

安文昌文曲星訣（論本生時）

子時戌上起文昌　逆到生時是貴鄉　文曲數從辰上起　順到生時是本鄉

文昌星從戌上起子時，如人生子時就在戌宮安，若丑時逆至酉宮安之。

文曲星從辰上起子時，若人生子時就要辰宮安，若丑時順去巳宮安之，餘宮倣此。

安左輔右弼星訣 論本生時

（此文解釋在『紫微斗數全書詳析中冊』第29頁）

左輔正月起於辰　順逢生月是貴方　右弼正月宮尋戌　逆至正月便調停

左輔從辰上起正月，順行如正月生者就辰宮安之，二月在巳宮。

右弼從戌宮逆轉，如正月便戌宮安之，二月在酉宮，餘倣此。

安天魁天鉞訣 論本生年干

甲戊庚牛羊　乙己鼠猴鄉　六辛逢馬虎　壬癸兔蛇藏　丙丁豬雞位　此是貴人方

二星主科甲，身命若逢之，金榜題名之客。

安天馬星訣（論本年支）

寅午戌人馬居申　申子辰人馬居寅　巳酉丑人馬居亥　亥卯未人馬在巳

如安命在辰、戌、丑、未，遇夫妻宮在寅、申、巳、亥有天馬，若得同位或三方照臨，必主男為官女封贈，不然祿馬交馳亦吉。

安祿存星訣（論本年干）

（此文解釋在『紫微斗數全書詳析中冊』第35頁）

甲生祿存在寅宮　乙生在卯丙戊巳　丁己祿存停午方　庚祿居申辛祿酉

壬祿在亥癸祿子

安擎羊陀羅二星訣

（此文解釋在『紫微斗數全書詳析中冊』第35頁）

祿前擎羊後陀羅　夾限逢凶禍患多　歲限逢之俱不利　人生遇此莫蹉跎

此二星隨祿存安之，祿前安擎羊，祿後安陀羅。

假如癸祿在子，丑宮安擎羊、亥宮安陀羅，餘倣此。

安火鈴二星訣

寅午戌人丑卯方　子申辰人寅戌揚　巳酉丑人卯戌位　亥卯未人酉戌房

（此文解釋在『紫微斗數全書詳析中冊』第41頁）

安祿權科忌四星變化訣 論生年干挾火而化

甲廉破武陽為伴　乙機梁紫月交侵　丙同機昌廉貞位　丁月同機巨門尋

戊貪月弼機為主　己武貪梁曲最平　庚日武同陰為首　辛巨陽曲昌至臨

壬梁紫輔武宿是　癸破巨陰貪狼停

（此文解釋在『紫微斗數全書詳析中冊』第37頁）

如甲生人廉貞化祿、破軍化權、武曲化科、太陽化忌是也，餘倣此。

天空地劫訣 論本生時

亥上起子順安劫　逆回便是天空鄉

（此文解釋在『紫微斗數全書詳析中冊』第41頁）

如子時生者，劫空俱在亥宮。若丑時生者劫順在子宮，空逆在戌宮。若午時生者劫，空劫俱在巳上安之，餘宮倣此。

安天傷天使訣

命前六位是天傷　命後六位天使當

（此文解釋在『紫微斗數全書詳析中冊』第48頁）

順數命前六位是天傷，命後六位是天使，天傷安在奴僕宮，天使安在疾厄宮。身與歲限夾在傷使中間謂之加夾地，更加惡曜多凶。

安十二宮太歲煞祿存神歌訣

（此文解釋在『紫微斗數全書詳析中冊』第49頁）

博士力士青龍續　小耗將軍及奏書　蜚廉喜神病符祿　大耗伏兵至官府

吉凶從此分禍福

要知不拘男女命，尋祿存星起陽男陰女順推輪，陰男陽女逆流行。

博士聰明力士權　青龍喜氣小耗錢　將軍威武奏書福　蜚廉主孤喜神延

病符帶疾耗退祖　伏兵官符口舌纏　生平坐守十二煞　方敢斷人禍福源

安天刑天姚星訣

（此文解釋在『紫微斗數全書詳析中冊』第44頁）

天刑星從酉上起正月順至本月安之　天姚從丑上起正月順至本生月安之

安三台八座二星訣

(此文解釋在『紫微斗數全書詳析中冊』第47頁)

三台尋左輔，將初一日加在左輔宮，順數至本生日安之，八座尋右弼，將初一日加右弼宮，逆數至本生日安之是也。

安天哭天虛星訣（論本生年支）

天哭天虛起午宮　午宮起子兩分蹤

哭逆已兮虛順未　數到生年便居中

安龍池鳳閣訣（論本生年支）

龍池子順辰　鳳閣子戌逆

安台輔訣

從午宮起子順數至本生時安之

安封誥訣

從寅宮起子順數至本生時安之

安長生沐浴冠帶臨官帝旺衰病死墓絕胎養（男命順數 女命逆數）

火局命寅起長生　木局命亥起長生　土局命申起長生　金局命巳起長生

水局命申起長生

（此文解釋在『紫微斗數全書詳析中冊』第54頁）

安紅鸞天喜訣

卯上起子逆數之　數到當生太歲支　坐守此宮紅鸞位　對宮天喜不差移

年少婚姻喜事奇　老人必主喪其妻　三十年前為吉曜　五十年後不相宜

安喪門白虎吊客官符四飛星訣

（此文解釋在『紫微斗數全書詳析中冊』第59頁）

流年太歲前二位是喪門，後二位是吊客，喪門對照安白虎，吊客對照安官符。

歲君前二是喪門　後二宮中吊客存　對照喪門安白虎　吊客對照安官符。

安斗君訣 即月將星是也

（此文解釋在『紫微斗數全書詳析中冊』第62頁）

於流年太歲宮起正月，逆至本生月，又從本生月起子，順數至本生時安斗君。

太歲宮中便起正　逆尋生月即留停　又從生月宮輪子　順到生時鎮斗星

安天德月德解神訣

（此文解釋在『紫微斗數全書詳析中冊』第64頁）

天德星從酉上起子，順數至流年太歲上是也。

月德星從子上起子，順數至流年太歲上是也。

解神從戌上起子，逆數至當生年太歲上是也。

安飛天三殺訣（即奏書將軍直符）

（此文解釋在『紫微斗數全書詳析中冊』第66頁）

寅午戌年飛入亥卯未宮　申子辰年飛入巳酉丑宮

亥卯未年飛入申子辰宮　巳酉丑年飛入寅午戌宮

奏書口舌禍來侵　將軍飛入悔心驚　直符官災終不免　此是流年三殺星

安截路空亡訣（論本生年）

（此文解釋在『紫微斗數全書詳析中冊』第67頁）

甲己申酉宮　乙庚午未宮　丙辛辰巳宮　戊癸子丑宮　丁壬寅卯宮

安旬中空亡訣（論本生年）

（此文解釋在『紫微斗數全書詳析中冊』第69頁）

甲子旬中空戌亥　甲戌旬中空申酉　甲申旬中空午未

甲午旬中空辰巳　甲辰旬中空寅卯　甲寅旬中空子丑

安大限訣

陽男陰女從命前一宮起(是父母宮)陰男陽女從命後一宮起(是兄弟宮)

（此文解釋在『紫微斗數全書詳析中冊』第72頁）

安小限訣(不論陰陽男俱順數 不論陰陽女俱逆數)

寅午戌人起辰宮　申子辰人起戌宮　巳酉丑人起未宮　亥卯未人起丑宮

安童限訣

一命二財三疾厄　四妻五福六官祿　餘年一派順流行　十五命宮看端的

（此文解釋在『紫微斗數全書詳析中冊』第78頁）

安命主

貪狼子宮　巨門亥丑宮　祿存寅戌宮　文曲卯酉宮　破軍午宮　廉貞申辰宮

武曲未巳宮(假如午宮安命，尋破軍星在何宮，卯命主星也。子宮安命尋貪狼星即命主也。左輔隨丑至午，右弼隨亥至午。)

安身主

子午人火鈴星　丑未人天相星　寅申人天梁星

辰戌人文昌星　巳亥人天機星　卯酉人天同星

（此文解釋在『紫微斗數全書詳析中冊』第79頁）

論安命金鎖鐵蛇關

從戌上起子年　順數行年月逆推　日又順數時逆轉　小兒壽夭可先知

（此文解釋在『紫微斗數全書詳析中冊』第82頁）

此法從戌上起子年，順行至本生年，年上起月，逆數至本生月，月上起日，日上起時，逆至本生時，遇丑、未宮病有救，辰、戌宮死。

定男女竹蘿三限

（此文解釋在『紫微斗數全書詳析中冊』第83頁）

法曰同前帝皇局例只是逆行，以上此二數逆排定，只托三方四正，七殺破軍俱作竹蘿三限。若再加巨暗凶星，便作三方四正定議，若大小二限相遇作死限斷。

定十二宮弱強

（此文解釋在『紫微斗數全書詳析中冊』第85頁）

男命　財帛、官祿、福德、遷移、田宅為強宮。子女、奴僕、兄弟、父母為弱宮。

女命　夫君、子息、財帛、田宅、福德為強，餘宮皆弱。

定十二宮星辰落閑

紫微在子辰亥為閑宮　貪狼在寅申為閑宮　天相在辰戌為閑宮　七殺在辰亥為閑宮　天梁在巳酉為閑宮　天機在巳為閑宮　破軍在巳申為閑宮　武曲在申為閒宮

安流祿流羊流陀訣

（此文解釋在『紫微斗數全書詳析中冊』第89頁）

論流年太歲　假如己丑流年、流祿在午，流羊在未，流陀在巳，如甲子生人安命在巳，小限又在亥，或七殺坐訣，小限擎羊又在卯宮，卻是三方四正俱見擎羊、流年流陀、又七殺重逢必遭毒禍，此乃余累試之也。

論星辰生剋制化

（此文解釋在『紫微斗數全書詳析中冊』第90頁）

星曜全要明生剋制化之機，次看落於何宮。如廉貞屬火，在寅宮乃木鄉，能生廉貞之火。若武曲金星與廉貞同度，則武曲為財而無用也，餘倣此。

金入火鄉　火入水鄉　水入土鄉　土入木鄉俱為受制

論諸星分屬南北斗化吉、凶并、分屬五行

紫微屬土中天星南北斗化帝座為官祿主　天機屬木南北斗化善為兄弟主

祿存屬土北斗司爵貴壽星　太陽屬火南北斗化貴為官祿主

天同屬水金南斗化福為福德主　廉貞屬火北斗化殺囚在官祿為官祿主

武曲屬金北斗化財為財帛主　天府屬土南斗化令星為財帛田宅主

太陰屬水南北斗化富貴為財帛田宅主　貪狼屬水木北斗化桃花殺主禍福

巨門屬水北斗化暗主是非　天相屬水南斗化印為官祿主

天梁屬土南斗化蔭主壽星　七殺屬火金南斗將星遇帝為權

破軍屬水北斗化耗司夫妻子女奴僕　文昌屬金南北斗司科甲乃文魁之首

文曲屬水北斗主科甲　輔弼二星屬土南北斗善住為令星

以上自紫微至輔弼一十八星俱南北斗正曜，魁鉞天馬亦是吉星，俱不入正曜。

魁鉞二星屬火　天馬屬火　擎羊屬金北斗浮星化刑　陀羅屬金北斗助星化忌

火星屬火南斗助星　鈴星屬火南斗助星　天空地劫屬火

天傷天使屬水　化祿屬土喜見祿存　化權屬木喜會巨門武曲

化科屬水喜會魁鉞　化忌屬水即計都星　紅鸞天喜屬水

歲君屬火　博士屬水主聰明　力士屬火主權勢

青龍屬水主喜氣　大小耗屬火小耗錢財大耗退租　將軍屬木主威猛欠和

奏書屬金主福祿　飛廉屬火主孤　喜神屬火主喜氣

伏兵屬火主口舌　病符主病　官府主官符

喪門水　吊客火　白虎金　官符火

（此文解釋在『紫微斗數全書詳析中冊』第90頁）

一 命宮

紫微土南北斗化帝座，為官祿主。紫微面紫色或白清，腰背肥滿、為人忠厚，老成謙恭耿直。

（此文解釋在『紫微斗數全書詳析中冊』第98頁）

其威制七殺、降火鈴。若與府、左、右、昌、曲、日、月、祿、馬三合極吉，食祿千鍾，巨富大貴。與祿存同奇特。不入廟無左、右為孤君，亦清閑僧道。與破軍同為胥吏。與羊、陀、火、鈴沖合，吉多亦發財，常庶人吉。女命會吉，清秀旺夫益子。

子宮喜丁己庚生人貴格，壬癸人不耐久。

午宮入廟喜甲丁己生人財官格，丙戊人成敗帶疾。

卯酉宮旺，貪狼同，乙辛生人，甲庚生人貴不耐久。

寅申宮旺地，與天府同，甲庚丁己生人財官格。

巳亥宮旺地，與七殺同，乙戊生人財官格。

辰戌宮得地，與天相同，乙己甲庚癸人財官格。

丑未入廟與破軍同，甲庚丁己乙壬人財官格。

紫微入男命吉凶訣

（此文解釋在『紫微斗數全書詳析中冊』第105頁）

歌曰　紫微天中第一星　命身相遇福財與　若逢相佐宮中會　富貴雙全播令名

又曰　紫微守命最為良　二殺逢之壽不長　羊陀火鈴來相會　只好空門禮梵王

又曰　紫微辰戌遇破軍　富而不貴有虛名　若逢貪狼在卯酉　為臣失義不相應

又曰　火鈴羊陀來相會　七殺同宮多不貴　欺人孤獨更刑傷　若是空門為吉利

紫微入女命吉凶訣

歌曰　紫微女命守身宮　天府尊星同到宮　更得吉星同主照　金冠封贈福滔滔

又曰　紫微女命守夫宮　三方吉拱便為榮　若逢殺破來沖破　衣祿盈餘淫巧容

紫微入限吉凶訣

歌曰　紫微垣內吉星臨　二限相逢福祿與　常人得遇多財富　官貴逢之職位陞

又曰　紫微入限本為祥　只恐三方殺破狼　常庶逢之多不利　官員降謫有驚傷

天機屬木，南斗化善星，為兄弟主。入廟身長肥胖，性急，心慈，機謀多變。

與天梁會合善談兵，乙、丙、丁生人遇之入廟化吉。得左、右、昌、曲、魁、鉞、太陰湊合，坐於巳、酉、丑、亥、卯、未宮權祿不小，文武皆大貴極品。加巨門、羊、火、陀、忌，巳、酉、丑、亥為下局，孤窮，縱有財官貴顯亦不耐久，只宜經商巧藝之輩耳。

女命入廟性剛機巧，有權柄幹家、助夫益子。天梁、太陰、巨門見羊、火、忌沖合財，淫賤偏房娼婢，否則傷夫剋子。

子午宮入廟，丁己癸甲庚壬生人財官格。

卯酉宮旺地，巨門同，乙辛戊癸生人財官格。

寅申宮得地，太陰同，丁己甲庚癸生人財官格。

巳亥宮和平，丙壬戊生人合局，不耐久。

辰戌宮利益，天梁同，壬庚丁生人為福。

丑未宮陷地，丙戊丁壬生人財官格，乙壬生人祿合格。

（此文解釋在『紫微斗數全書詳析中冊』第110頁起）

天機入男命吉凶訣

歌曰　機月天梁合太陽　常人富足置田庄　官員得遇科權祿　職位高遷面帝王

又曰　天機化忌落閑宮　縱有財官亦不終　退盡家財兼壽夭　飄蓬僧道住山中

天機入女命吉凶訣

歌曰　天機女命吉星扶　作事操持過丈夫　權祿宮中逢守照　榮膺誥命貴如何

又曰　天機星與太陰同　女命逢之必巧容　衣祿豐饒終不美　為娼為妾主淫風

天機入限吉凶訣

歌曰　男女二限值天機　祿主科權大有為　出入經營多遇貴　發財發福少人知

又曰　天機照限不安寧　家事紛紛外事多　更遇羊陀併巨暗　須知此歲入南柯

太陽入南北斗，化貴為官祿主。太陽入廟形貌堂堂雄壯，面方圓滿。夜生陷、日生廟旺。

（此文解釋在『紫微斗數全書詳析中冊』第117頁起）

心慈面紫色，好施濟，若會左、右、昌、曲、魁、鉞、太陰、祿存守照，官祿、財官昭著極品之論，文武皆宜之。

身逢吉聚，貴人門下客，否則公卿走卒。六庚生人命坐卯宮第一廟所，六壬次之。命在亥，甲生人下局，否則夭壽貧窮，雖發不久。廟旺終身富貴，陷地雖化權、祿也凶。官祿亦不順，先勤終懶成敗不一，出外離祖可吉。與羊陀沖破又陷下局。橫發橫破不耐久，若經商巧藝辛苦勞力，而禍輕延生矣。

加凶殺帶疾，化忌目疾，女命入廟旺夫益子，若陷地又見羊、陀、火、鈴、忌、劫，貧賤殘疾亦為貞潔之婦。僧道亦清潔。

子宮陷、午宮旺、丁己生人財官格，壬丙戊生人悔吝。

卯宮廟、酉和平、乙辛生人財官格，甲庚人困。

寅宮旺、申得地，巨門同，丁己甲庚人財官格。

巳宮旺、財官格，亥宮陷，逢殺孤寡貧窮。

丑宮陷、未宮得地，太陰同，加吉星財官格。

辰宮旺財官格，戌宮陷反背孤寡。

太陽入男命吉凶訣

（此文解釋在『紫微斗數全書詳析中冊』第123頁）

歌曰　金裡陽逢福壽隆　更兼權祿兩相逢　魁昌左右來相湊　富貴雙全比石崇

又曰　日月丑未命中逢　三方無化福難豐　便有吉星終不美　若逢殺湊一生窮

又曰　失陷太陽居反背　化忌逢之多蹇昧　又遭橫事破家財　命強化忌也無害

太陽入女命吉凶訣

歌曰　太陽正照婦人身　姿貌殊常性格貞　更得吉星同主照　金冠封贈作夫人

又曰　太陽安命有奇能　陷地須防惡殺凌　作事沈吟多進退　辛勤度日免家傾

又曰　太陽反照主心忙　衣祿平常壽不長　剋過良人還剋子　只宜蔭下作偏房

太陽入限吉凶訣

歌曰　二限偏宜見太陽　添財進業福非常　婚姻和合添嗣續　仕者高遷坐廟堂

又曰　太陽守限有多般　陷地須防惡殺侵　加忌逢凶多阻滯　橫事破財家伶仃

武曲金、北斗化財為財帛主。武曲性剛果決，心直無毒，形小聲高而量大。

最喜甲己生人福厚有毛髮之異，入廟與昌、曲同行則出將入相。武職最旺，文人多學多能。會貪遇火化吉為上格。丙丁庚辛壬癸中格斷，與府、相、梁、月、祿、馬會主貴，西北人為福，東南人平常，陷地巧藝之人，及僧道。

更遇廉貞、破軍、羊、忌、空、劫、沖破下局，破祖敗家。女命入廟權貴。陷地值殺孤單刑夫剋子且不正。

子午宮旺地，天府同，丁己庚生人財官格。

卯酉宮利益，與七殺同，乙辛生人財官格。

寅申宮得地，天相星同，丁己甲庚生人財官格。

巳亥宮和平，與破軍同，壬戊生人財官格。

辰戌宮入廟，己甲生人財官格。

丑未宮入廟貪狼同，戊辛生人大貴財官格。

（此文解釋在『紫微斗數全書詳析中冊』第128頁起）

武曲入男命吉凶訣

歌曰　武曲守命化為權　吉曜來臨福壽全　志氣崢嶸多出眾　超凡入聖向人前

又曰　武曲之星守命宮　吉星守照始昌榮　若加耗殺來沖破　任是財多畢竟空

武曲入女命吉凶訣

歌曰　女人武曲命中逢　天府加之志氣雄　左右祿來相逢聚　雙全富貴美無窮

又曰　將星一宿最剛強　女命逢之性異常　衣祿滔滔終有破　不然壽夭主凶亡

武曲入限吉凶訣

歌曰　大小限逢武曲星　若還入廟主財興　更加文昌臨左右　福祿雙全得稱心

又曰　武曲臨限化權星　最利求謀事有成　更遇吉星同會合　文人名順庶人興

又曰　武曲之星主官災　公吏逢之刑杖來　常庶逢之還負債　官員值此有驚懷

天同水，南斗化福為福德主。天同入廟肥滿、清明、仁慈、耿直，與天梁、左、右嘉會，丙生人於巳、亥、酉宮安命，財官雙美，福非小可，未宮次之，午陷丁生人宜之。

若在亥地，庚生人下局，更遇羊、陀、鈴、忌沖合則孤單、破相、目疾。

女命會吉星作命婦，旺夫益子極賢能，居巳亥雖美而淫。

子旺午陷宮，丁己癸辛生人財官格。

卯酉宮和平，乙丙辛生人財官格。

寅宮利，申宮旺，天梁同，乙甲丁生人福厚。

巳亥宮入廟，壬丙戊生人財官格。

辰戌和平，丙丁生人利達，庚癸生人福不耐久。

丑未宮不得地，巨門同，乙壬甲辛庚生人財官格。

（此文解釋在『紫微斗數全書詳析中冊』第138頁起）

天同入男命吉凶訣

歌曰　天同坐命性溫良　福祿悠悠壽更長　若是福人居廟旺　定教食祿譽傳揚

又曰　天同若與吉星逢　性格聰明百事通　男子定然食天祿　女人樂守綉房中

又曰　天同守命落閑宮　火陀殺命更為凶　天機梁月來相會　只好空門度歲終

天同入女命吉凶訣

歌曰　天同守命婦人身　性格聰明伶俐人　昌曲更來相會處　悠悠財祿自天申

又曰　天同若與太陰同　女命逢之淫巧容　衣祿雖豐終不美　偏房侍妾與人通

天同入限吉凶訣

歌曰　人生二限值天同　喜氣盈門萬事榮　財祿增添宜創造　從今家道得豐隆

又曰　流年二限值天同　陷地須防惡殺沖　作事美中終不美　惟防官破及家傾

廉貞屬火，北斗化次桃花，殺、囚星為官祿主。為人身長體壯、眼露神光、眉毛中大吹、骨亦露、性硬、浮蕩、好忿爭。

入廟武職貴，遇府、相、左、右，有化權、祿存同富貴。昌、曲、七殺立武功。

與擎羊同，是非日有。破軍、火、鈴同，狗倖狼心。
巳、亥陷宮，棄祖孤單、巧藝、僧道、軍旅之流。六甲生人，命坐寅、申者上格。丁、己人次之。六丙人坐子、午、卯、酉宮，橫發橫破不耐久。
六甲生人坐四墓宮財官格。若丙、戊生人招非有成敗，若與昌、曲、忌星同在巳、亥宮，六丙生人有禍，六甲人亦不宜也。
未、申生人在未、申宮化祿逢吉富貴必矣，若在諸宮逢羊、陀、火、忌沖破，主殘疾。
女人三合吉拱主封贈，雖惡、殺、沖不為下局。若入廟逢化祿，剛烈、機巧、清秀、旺夫益子。
僧道有吉拱有師號，此星最喜天相同，能化其惡。
子、午宮和平，天相同，丁、己、甲生人財官格。
卯、酉宮和平，破軍同，乙辛生人，癸生人吉。
寅宮入廟，甲、庚、己生人，為貴格。
申宮入廟，甲、庚、戊生人為貴格，丙生人次之。

丑、未宮利益，七殺同，加吉星財官格。
辰、戌宮利益，天府同，甲庚生人財官格。
巳、亥宮陷地，甲、己、丙、戊人，福不耐久。

（此文解釋在『紫微斗數全書詳析中冊』第151頁起）

廉貞入男命吉凶訣

歌曰　廉貞守命亦非常　賦性巍巍志氣強　革故鼎新官大貴　為官清顯姓名香
又曰　廉貞坐命號閑宮　貪破擎羊火更中　縱有財官為不美　平生何以得從容
又曰　廉貞落陷入閑宮　吉曜相逢也有凶　腰足災殘難脫厄　更加惡殺命該終

廉貞入女命吉凶訣

歌曰　女人身命值廉貞　內政清廉格局新　諸吉拱照無殺破　定教封贈在青春
又曰　廉貞貪破曲相逢　陀火交加極賤傭　定主刑夫并克子　只好通房娼婢容

廉貞入限吉凶訣

歌曰　廉貞入限旺宮臨　喜逢吉曜福駢臻　財物自然多蓄積　任人得意位高陞

又曰　大小二限遇廉貞　更有天刑忌刃侵　膿血刑災逃不得　破軍貪殺赴幽冥

天府土，南斗化令星，為財帛主。為人面方圓、容紅齒白、心性溫和、聰明清秀、學多機變能解一切厄。

喜紫微、昌、曲、左、右、祿存、魁、鉞、權、祿居廟旺，必中高第。羊、陀、火、鈴會合，好詐。

命坐寅、午、戌、亥、卯、未，六已生人貴。若巳、酉、丑、乙、丙、戊、辛人，文武財官格。

加亥、卯、未、辰、酉上安命者，甲庚人不貴，先大後小有始無終，女命清白機巧、旺夫益子，遇紫微、左、右同垣極美，作命婦。

子、午宮與武曲同，丁、已、癸生人為福財官格。

卯居得地之位，酉宮旺地，乙、丙、辛生人財官格。

寅入廟，申宮得地，紫微同，丁、己生人財官格。
辰、戌宮入廟，廉貞同，甲、庚、壬生人財官格。
丑、未入廟，加吉星財官格。
巳、亥宮得地，乙、丙、戊、辛生人財官格。

（此文解釋在『紫微斗數全書詳析中冊』第162頁起）

天府入男命吉凶訣

歌曰　天府之星守命宮　加之權祿喜相逢　魁昌左右來相會　附鳳攀龍上九重
又曰　火鈴羊陀三方會　為人奸詐多勞碌　空劫同垣不為佳　只在空門也享福

天府入女命吉凶訣

歌曰　女人天府命身宮　性格聰明花樣容　更得紫微三合照　金冠霞帔受皇封
又曰　火鈴擎陀來沖會　性格庸常多晦滯　六親相背子難招　只好空門為尼計

天府入限吉凶訣

歌曰　限臨天府能司祿　士庶逢之多發福　添財進喜永無災　且也潤身並潤屋

又曰　南斗尊星入限來　所為謀事稱心懷　若還又化科權祿　指日欣然展大材

太陰水，南北斗化富，為母宿、又為妻星，為田宅主。太陰面方圓、心性溫和、清秀、耿直聰明，花酒、文章、博學，橫立功名。

身若逢之則隨娘繼拜。陷地化吉科、權、祿返凶，出外離祖吉。更遇羊、陀、火、鈴，酒色邪淫下賤夭折，最喜六壬、戊生人在巳、卯、未宮立命，合局。乙、庚、戊入亥宮立命，上格。六丁人次之。六乙合格。六丁、六戊化科、權、祿，吉。

女命會太陽入廟，封贈夫人。若陷地，傷夫剋子，妾妓之輩。

子、丑、寅宮入廟，丁戊生人財官格。

卯、辰、巳宮陷地，乙、壬、戊生人孤寡不耐久。

午宮限，未、申宮利益，丁、庚、甲生人財官格。

酉、戌、亥宮入廟，丙、丁人財官格，吉星眾大貴。

（此文解釋在『紫微斗數全書詳析中冊』第175頁起）

太陰入男命吉凶訣

歌曰　太陰原是水之精　身命逢之福自生　酉戌亥垣為得地　光輝揚顯姓名亨

又曰　太陰入廟化權星　清秀聰明邁等倫　稟性溫良恭儉讓　為官清顯列朝紳

又曰　寅上機昌曲月逢　縱然吉拱不豐隆　男為僕從女為妓　加殺沖殺到老窮

又曰　太陰陷地惡星中　陀火相逢定困窮　此命只宜僧與道　空門出入得從容

太陰入女命吉凶訣

歌曰　月會同陽在命宮　三方吉拱必盈豐　不見凶殺來沖會　富貴雙全保到終

又曰　太陰陷在命和身　不喜三方惡殺侵　剋害夫君又夭壽　更虛血氣少精神

太陰入限吉凶訣

歌曰　太陰星曜限中逢　財祿豐盈百事通　嫁娶親迎添嗣續　常人得此旺門風

又曰　二限偏宜見太陰　添進財屋福非輕　火鈴若也來相湊　未免官災病患臨

又曰　限至太陰居反背　不喜羊陀三殺會　火鈴二限最為凶　若不官災多破悔

貪狼水，北斗化桃花殺。貪狼入廟，長聳肥胖、陷宮形小、聲高而量大。性格不常、心多計較、作事急速不耐靜，作巧成拙，好賭博、花酒。

陷地加羊、陀、忌星則孤貧、破相、殘疾，有斑痕皰痣。入廟多居武藝之中，遇火、鈴喜戊、己生人，合局垣。不喜六癸生人，不耐久長。

女命平常，若陷地傷夫剋子，且不正。大多為娼婢，僧道亦不清潔。

子、午宮旺地，丁、己生人福厚，丙、戊、庚生，寅申人下局。

卯、酉宮利益，紫微同，見火星貴，乙、辛、己人宜之，財官格。

寅、申宮和平，庚生人財官格。

丑、未宮入廟，武曲同，見火星，戊、己、庚生人貴格。

辰、戊入廟，戊、己生人財官格。

巳、亥宮陷地，廉貞同，丙、戊、壬生人，為福不耐久。

（此文解釋在『紫微斗數全書詳析中冊』第188頁起）

貪狼入男命吉凶訣

歌曰　四墓宮中福氣濃　提兵指日立邊功　火星拱會誠為貴　名震諸夷定有封

又曰　貪狼守命同羊宮　陀殺交加必困窮　武破廉貞同殺劫　百藝防身度歲終

又曰　四墓貪狼廟旺宮　加臨左右富財翁　若然再化科權祿　文武材能顯大功

貪狼入女命吉凶訣

歌曰　四墓宮中多吉利　更逢左右方為貴　祿財豐富旺夫君　性格剛強多志氣

又曰　貪狼陷地女非祥　衣食雖豐也不良　剋害良人并男女　又教衾枕守孤孀

貪狼入限吉凶訣

歌曰　北斗貪狼入限來　若還入廟事和諧　科權仕路多成就　必主當年發橫財

又曰　貪狼主限四墓臨　更喜人生四墓生　若見火星多橫發　自然富貴冠鄉鄰

又曰　艱至貪狼陷不良　只宜節慾息災傷　賭蕩風流去財寶　吉曜三方可免災

又曰　女限貪狼事不良　宜懷六甲免災殃　若無吉曜來相會　須知一命入泉鄉

巨門水，北斗化暗，主是非。入廟身長肥胖，敦厚清秀。不入廟五短瘦小，作事進退疑惑，多學少精，與人寡合，多是多非，奔波勞碌。

喜左、右、祿存。六癸、六辛生人，坐子、卯合局。

六庚、六丁生人，辰、戌安命卻不富貴。子、午宮安命，丙、戊生人孤寡夭折。

六甲生人而擎羊同，入廟在卯宮者破局。在子、午宮於身、命為石中隱玉格，更會祿、科、權福厚，會破、忌、羊、陀若不夭折男盜女娼。

女命入廟，六癸、六辛生人享福。陷地傷剋夫子，丁人遇極淫，此星在女命多有瑕玷。

子、午宮旺地，丁、己、癸、辛生人福厚，丙、戊生人主困。

卯、酉宮入廟，乙、辛生人財官格，丁、戊生人有成敗。

寅、申宮入廟，太陽同，庚、癸、辛生人財官格。

辰、戌宮和平，癸、辛生人貴，丁生人困。

丑、未不得地，癸、辛、丙生人財官格。

巳、亥旺宮，癸、辛生人財官格。

（此文解釋在『紫微斗數全書詳析中冊』第197頁起）

巨門入男命吉凶訣

歌曰　巨門子午二宮逢　局中得遇以為榮　三合化吉科權祿　官高極品衣紫袍

又曰　此星化暗不宜逢　更會凶星愈肆凶　唇齒有傷兼性猛　若然入廟可和平

又曰　巨門守命遇擎羊　鈴火逢之事不祥　為人性急多顛倒　百事茫茫亂主張

巨門入女命吉凶訣

歌曰　巨門旺地多生吉　左右加臨壽更長　女人得此誠為貴　簾捲珍珠坐綉房

又曰　巨門命陷主淫娼　侍女偏房始免殃　相貌清奇多近寵　不然壽夭主凶亡

巨門入限吉凶訣

歌曰　巨門主限化權星　最喜求謀大事成　雖有官災並口舌　凶為吉兆得安寧

又曰　巨門入限動人愁　若遇喪門事不周　士庶逢之多惹訟　居官失職或丁憂

又曰　巨門限陷最乖張　無事官非鬧一場　哭泣喪連終不免　破財嘔氣受淒涼

天相水，南斗化印為官祿主。為人相貌敦厚，持重清白，好酒食衣祿豐足。

紫、府、左、右、昌、曲、日、月嘉會，財官雙美位至三公。與武、破、羊、陀同行則為巧藝，更加火、鈴、巨、機則傷刑不善終，天相又能化廉貞之惡。

女命入廟，溫和衣祿遂心。僧道屯吉。

子午宮入廟地，廉貞同，丁、己、癸、甲人財官格。

卯、酉陷宮，乙、辛生人吉，甲庚人主困。

辰、戌宮得地，紫微同，財官格。

丑宮入廟，未宮得地，加吉星財官格。

寅、申入廟，武曲同，丁、甲、庚生人財官格。

巳、亥宮得地，丙、戊、壬生人為福。

（此文解釋在『紫微斗數全書詳析中冊』第207頁）

天相入男命吉凶訣

歌曰　天相星辰邁等倫　照守身命喜無垠　為官必主居元宰　三合相逢福不輕

又曰　天相吉星為命主　必定斯人多克己　財官祿主旺家資　權壓當時誰不美

又曰　天相之星破武同　羊陀火鈴更為凶　或作技術經商輩　若在空門享福隆

天相入女命吉凶訣

歌曰　女人之命天相星　性格聰明百事寧　衣祿豐盈財帛足　旺夫貴子顯門庭

又曰　破軍七殺來相會　羊陀火鈴最所忌　孤刑剋害六親無　只可偏房與侍婢

天相入限吉凶訣

歌曰　天相之星最主財　照臨二限愁無災　動作謀為皆遂意　優游享福自然來

又曰　天相之星有幾般　三方不喜惡星纏　羊陀空劫重相會　口舌官災禍亦連

又曰　限臨天相遇擎羊　作禍興殃不可當　更有火鈴諸殺湊　須教一命入泉鄉

天梁屬土，南斗化蔭，主壽星。厚重清秀、聰明耿直、心無私曲、好施濟、有壽。與天機同行，居翰苑，善談兵。

左、右、昌、曲墓會，則出將入相。要入廟方富貴。陷地遇火、羊、破軍則下賤孤寡、夭折。逢天機、耗、殺，清閑僧道。受制誥六壬生人，亥、卯、未上安命者，富貴雙全。

女命有男子志，入廟富貴，陷地加殺傷剋夫子又賤淫。

子、午宮入廟，丁、己、癸生人福厚財格。

卯宮入廟，酉宮得地，太陽同，乙、壬、辛生人財官格。

寅宮入廟，申宮陷地，天同同，丁、己、甲、庚生人財官格。

辰、戌宮入廟，天機同，丁、己、壬、庚生人財官格。

丑、未宮居旺，壬、乙生人財官格，六戊生人大貴。

（此文解釋在『紫微斗數全書詳析中冊』第215頁起）

天梁入男命、女命吉凶訣

歌曰　天梁之曜數中強　形神穩重性溫良　左右曲昌來會合　管教富貴列朝綱

又曰　天梁星宿壽星逢　機日文昌左右同　子午寅申為入廟　官資清顯至三公

又曰　天梁遇火落閑宮　陀殺重逢更是凶　孤刑帶疾破家財　空門技藝可營工

又曰　辰戌機梁非小補　破軍卯酉不為良　女人得此為孤獨　剋子刑夫守冷房

天梁入限吉凶訣

歌曰　天梁化蔭吉星和　二限逢之福必多　若加吉曜逢廟地　貴極一品輔山河

又曰　限至天梁最是良　猶如秋菊吐馨香　加官進職迎新祿　常庶逢之也足糧

又曰　天梁守限壽延長　作事求謀更吉昌　若遇火鈴羊陀合　須防一厄興家亡

七殺火金南斗將星，遇帝為權，餘宮皆殺。目大、性急不常、喜怒不一、作事進退沈吟。廟旺有謀略，遇紫微掌生殺之權，武職最利。

加左、右、昌、曲、魁、鉞會合，位至極品，落空亡無威力。遇凶曜於生鄉定為屠宰，會刑、囚傷剋。

安命寅、亥、子、午宮，丁、己生人合局。辰宮六庚人吉。若坐子、午、寅、申，卻不喜壬、庚、午、戌。六丙、六戊中平。羊、陀、火、鈴沖會又在陷地，殘疾下局，雖富貴不久。

女人入廟，加權、祿，旺夫益子。陷地遇羊、火，則傷剋下賤。

子、午宮旺地，丁、己、甲生人財官格。
卯、酉宮旺地，武曲同，乙、辛生人福厚財官格。
寅、申宮入廟，甲、庚、丁、己人財官格。
巳、亥宮和平，紫微同，丙、戊、壬生人福厚。
辰、戌宮入廟，加吉星財官格。
丑、未入廟，廉貞同，加吉星財官格。

（此文解釋在『紫微斗數全書詳析中冊』第224頁起）

七殺入男命吉凶訣

歌曰　七殺寅申子午宮　四夷拱手服英雄　魁鉞左右文昌會　科祿名高食萬鍾

又曰　殺居陷地不堪言　凶禍猶如伴虎眠　若是殺強無制伏　少年惡死在黃泉

又曰　七殺坐命落閑宮　巨宿羊陀更照沖　若不傷肢必損骨　空門僧道可興隆

七殺入女命吉凶訣

歌曰　女命愁逢七殺星　平生作事果聰明　氣高志大無男女　不免刑夫歷苦辛

又曰　七殺孤星貪宿逢　火陀湊合非為貴　女人得此性不良　只好偏房為使婢

七殺入限吉凶訣

歌曰　二限雖然逢七殺　從容和緩家道發　對宮天府正來朝　仕宦逢之名顯達

又曰　七殺之星主啾唧　作事艱難俱有失　更加惡曜在限中　主有官災多病疾

破軍水北斗化耗星，主妻子、奴僕。形五短、背厚、眉寬、腰斜、性剛、寡合爭強，棄祖發福，好搏禽捕獵。

喜紫微有威權，天梁、天府能制其惡。文曲一生貧士，更入水鄉殘疾，雖富不久夭折。

六癸、甲生人，坐子、午宮者位至三公，若丙、戊、寅、申生人，坐子、午則孤單殘疾，雖富貴不久夭折。

丙戊生人，坐辰、戌、丑、未，紫微同垣富貴不小，遇廉貞、羊、陀、火、鈴於陷宮，爭鬥疾病，僧道宜之。
女人子、午入廟，有疾病，陷地加殺，下賤淫慾。
子、午宮入廟，丁、己、癸生人福厚，丙戊人主困。
卯、酉宮陷地，廉貞同，乙、辛、癸生人利，甲、庚、丙人不耐久。
辰、戌旺宮，甲、癸生人為福。
寅、申宮得地，甲、庚、丁、己生人財官格。
丑、未宮旺地，紫微同，丙、戊、乙生人財官格。
巳、亥和平，武曲同，戊生人福厚。

（此文解釋在『紫微斗數全書詳析中冊』第233頁起）

破軍入男命吉凶訣

歌曰　破軍七殺與貪狼　入廟英雄不可當　關羽命逢為上將　庶人富足置田庄
又曰　破軍子午會文昌　左右雙雙入廟廊　財帛豐盈多慷慨　祿官昭著佐君王
又曰　破軍一曜最難當　化祿科權喜異常　若還陷地仍加殺　破祖離宗出遠鄉

又曰　破軍不喜在身宮　廉貞火羊陀會凶　不見傷殘的壽夭　只宜僧道度平生

破軍入女命吉凶訣

歌曰　破軍子午為入廟　女命逢之福壽昌　性格有能偏出眾　旺夫益子姓名香

又曰　破軍女命不宜逢　擎羊加陷便為凶　剋害良人非一次　須教悲哭度朝昏

破軍入限吉凶訣

歌曰　破軍入限要推詳　廟地方知福祿昌　更遇文昌同魁鉞　限臨此地極風光

又曰　破軍入限要推詳　廟地無凶少損傷　殺湊破軍防破耗　更防妻子自身亡

又曰　破軍主限多濃血　失脫乖張不可說　更值女人主孝服　血光產難災殃節

文昌金南北斗乃文魁星，眉目清秀分明，機巧多學多能。會陽、梁、祿存財官昭著、富貴先難後易。陷地加羊、火巧藝之人。陷地獨守加殺、擎羊、陀、鈴帶疾亦能延壽。旺有暗痣、陷有斑痕。

女命入廟平常，加吉曜富貴。陷地遇火，羊、巨、機、殺、忌則下賤淫娼使婢。

寅、午、戌宮陷地，丁、己、甲、庚生人財官格。

申、子、辰宮得地，庚、甲生人貴格。

巳、酉、丑宮入廟，乙、戊、辛生人大貴。

亥、卯、未宮利益，乙、戊生人財官格。

（此文解釋在『紫微斗數全書詳析中冊』第243頁起）

文昌入男命吉凶訣

歌曰　文昌坐命旺宮臨　志大才高抵萬金　文藝精華心壯大　須教平步上青雲

又曰　文昌守命亦非常　限不夭傷福壽長　只怕限沖逢火忌　須教夭折帶刑傷

文昌入女命吉凶訣

歌曰　女人身命值文昌　秀麗清奇福更長　紫府對沖三合照　管教富貴著霞裳

又曰　文昌女命遇廉貞　陷地擎羊火忌星　若不為娼終壽夭　偏房猶得主人輕

文昌入限吉凶訣

歌曰　文昌之星最為貴　斗數之中第二星　若遇太歲與二限　士人值此占科名

又曰　限遇文昌不得地　更有羊陀火鈴忌　官非口舌破家財　未免刑傷多晦滯

文曲水北斗司科甲星，與文昌逢吉主科第，單居身、命，更逢惡殺湊合，無名、便佞之人。

嘉六甲生人，巳、酉、丑宮侯伯貴。與貪狼、火星同垣，三合者將相之命，武、貞、羊、破、殺、狼居陷地，則喪命夭折，若與同、梁、武曲會旺官，聰明果決。如羊、陀、火、鈴沖破，只宜空門。旺有暗痣，陷有斑痕。

女命入廟清，陷地與巨、火、忌、機會，及貪狼、破軍同垣沖破，則下賤孤寒淫慾。

寅宮平和，午、戌宮陷地，甲庚生人財官格。

申、子、辰宮得地，丁、癸、辛、庚生人福厚。

巳、酉、丑宮入廟，辛生人遇紫同大富貴。

卯、亥、未宮旺地，辛、丙、壬、戊生人財官格。

（此文解釋在『紫微斗數全書詳析中冊』第255頁起）

文曲入男命吉凶訣

歌曰　文曲守命最為良　相貌堂堂志氣昂　士庶逢之應福厚　丈夫得此受金章

又曰　文曲守垣逢火忌　不喜三方惡殺聚　此人雖巧口能言　惟在空門可遇貴

文曲入女命吉凶訣

歌曰　女人命裡逢文曲　相貌清奇多有福　聰明伶俐不尋常　有殺偏房也淫慾

文曲入限吉凶訣

歌曰　二限相逢文曲星　士庶斯年須發福　更添左右會天同　財祿滔滔為上局

又曰　文曲限遇廉陀羊　陷地非災惹禍殃　更兼命裡星辰弱　須知此歲入泉鄉

左輔土南北斗善星，佐帝令尤佳。若府、相、機、昌、貪狼、武曲會，更右弼同垣，富貴不小。

（此文解釋在『紫微斗數全書詳析中冊』第266頁起）

財官雙美。若見羊、陀、火、忌中局。旺宮有暗痣。三殺如陷地加巨門、七殺、天機下局。

女命會吉星旺夫益子。僧道清潔。

左輔入男命吉凶訣

歌曰　左輔尊星能降福　風流敦厚通今古　紫府祿權貪武會　文官武職多清貴

又曰　羊陀火鈴三方照　縱有財官非吉兆　廉貞破巨更來沖　若不傷殘終是夭

左輔入女命吉凶訣

歌曰　女逢左輔主賢豪　能幹能為又氣高　更與紫微天府合　金冠封贈福滔滔

又曰　火陀相會不為良　七殺破軍壽不長　只可偏房方富足　聰明得寵過時光

左輔入限吉凶訣

歌曰　左輔限行福氣深　常人富足累千金　官員更得科權照　職位高遷佐聖君

又曰　左輔之星入限來　不宜殺湊主悲哀　火鈴空劫來相湊　財破人亡事事衰

右弼土，南北斗善星，佐帝令。入廟厚重、清秀、耿直，心懷寬恕，好施計、有機謀，諸宮降福，四墓尤佳。

若會紫微、府、相、昌、曲，終身福壽。若與諸殺同纏及羊、陀、火、忌沖合者，財福薄亦不為凶，有暗痣、斑痕傷殘帶疾。

女命會吉星，旺夫益子。僧道清潔。

（此文解釋在『紫微斗數全書詳析中冊』第271頁起）

右弼入男命吉凶訣

歌曰　右弼天機上宰星　命逢重厚最聰明　若無火忌羊陀會　加吉財官冠世英

又曰　右弼尊星入命宮　若還殺湊主常庸　羊陀空劫三方湊　須知帶疾免災凶

右弼入限吉凶訣

歌曰　右弼入限最為榮　人財興旺必多能　官員遷擢僧道喜　士子攻書必顯名

又曰　右弼主限遇凶星　掃盡家資百不成　士遭傷敗奴欺主　更教家破主伶仃

祿存土，北斗司爵貴星，持重、心慈、耿直有機變，多學多能，命遇主貴，文人有名聲，諸宮降福消災，棄祖重拜父母。

喜紫微、府、相、同、梁、日、月、武曲同宮為妙。單守命、身，看財之庫。怕火、鈴、空、劫沖照，下局。巧藝多精之人。陷地減福，在命宮、官祿、田宅為福。

女命清白秀麗，有男子之志。

（此文解釋在『紫微斗數全書詳析中冊』第274頁起）

祿存入男命吉凶訣

歌曰　人生若遇祿存星　性格剛強百事成　官員遷兮昌曲會　滔滔衣祿顯門庭

又曰　祿存守命莫逢沖　陀火交加福不全　天機空劫忌相會　空門僧道得清閑

祿存入女命吉凶訣

歌曰　女命若遇祿存星　紫府加臨百事寧　更遇同貞相湊合　必然註定是夫人

又曰　祿存入命陷宮來　空劫鈴火必為災　若無吉曜來相湊　夫婦分離永不諧

祿存入限吉凶訣

歌曰　祿存主限最為良　作事求謀盡吉祥　仕祿逢之多轉職　庶人遇此足錢糧

又曰　祿存主限壽延長　作事營謀萬事昌　更有科權兼左右　定知此限富倉廂

又曰　祿存祿主多富足　婚姻嫁娶添嗣續　更兼科祿又同宮　必主榮華享厚福

又曰　祿馬交馳限步逢　最怕劫空相遇同　更兼太歲惡星沖　限倒其年入墓中

魁鉞火，即天乙貴人，若人身、命逢之更得諸吉加臨，三合吉星守照，必少年登科及第。

逢凶忌不為文章秀士，可為弟子之師，限步逢之必主清高名成利就，大抵此星若身命逢之，雖不富貴亦主聰明，為人秀麗清白，有威可畏有儀可象。

女命逢吉多為宰相，婦逢凶殺也主富貴。

魁鉞入命限吉凶訣

歌曰　魁鉞命身限遇昌　常人得此足錢糧　官員遇此高遷擢　必定當年面帝王

（此文解釋在『紫微斗數全書詳析中冊』第280頁起）

擎羊火金，北斗浮星、化刑。入廟權貴身旺，形麤破相、剛強果決、勇鬥、有機謀、狡詐，立功名，能奪君子之權。喜西北生人為福。

宜命在四墓宮廟地，亦喜四墓生人。會日月，男剋妻而女剋夫。會昌、曲、左、右有暗痣、斑痕。

若卯酉陷宮作禍、傷殘、帶目渺，六甲、六戊寅申生人守命，其人孤單不守祖業，二姓延生巧藝為活。

廉貞、火、巨、忌星同陷地、則帶暗疾，或面手足有傷殘且不善終，一生多招刑禍，否則為僧道。

女命入廟權貴，陷地傷夫剋子，孤刑、破相、下淫。

辰戌丑未入廟亦宜，辰戌丑未生人財官格。

子午卯酉陷地，寅宮得地。

（此文解釋在『紫微斗數全書詳析中冊』第283頁起）

擎羊入男命吉凶訣

歌曰　祿前一位安擎羊　上將逢之福祿加　更得貴人相守照　兵權萬里壯皇家

又曰　擎羊守命性剛強　四墓生人福壽長　若得紫府來會合　須知財穀富倉箱

又曰　擎羊一曜落閑宮　陀火沖兮便是凶　更若身命同劫殺　定然夭絕在途中

擎羊入女命吉凶訣

歌曰　北斗浮星女命逢　火機巨忌必常庸　三方凶殺兼來湊　不夭終須淚滾濤

擎羊入限吉凶訣

歌曰　擎羊守限細推詳　四墓生人免禍殃　若遇紫微昌府會　財官顯達福悠長

又曰　天羅地網遇擎羊　二限沖兮禍患戕　若是命中主星弱　定教一疾夢黃粱

又曰　擎羊加殺最為凶　二限休教落陷逢　剋子刑妻賣田屋　徒流貶配去從戎

陀羅火金，北斗浮星，化忌入廟身雄形麄，賦性剛強破相，氣高，橫發橫破不守祖業，為人飄蓬不作本處民，作事退悔有始無終。

喜西北生人為福及四墓生人又坐四墓宮、吉星眾者為福，會日、月、忌宿，男剋妻而女剋夫，加忌且損目。

會左、右、昌、曲有暗痣，若無正星而獨守命者，孤單棄祖、入贅、二姓延生，巧藝為活。

若陷宮逢巨、殺，必傷妻子背六親，且傷殘帶疾。僧道吉。

女命內狠外虛，凌夫剋子，不和六親又無廉恥。

辰戌丑未入廟，辰戌丑未生人利，寅申巳亥陷地。

（此文解釋在『紫微斗數全書詳析中冊』第290頁起）

陀羅入男命吉凶訣

歌曰　陀羅命內坐中存　更喜人生四墓中　再得紫微昌府合　財祿豐盈遠播名

又曰　陀羅在陷不堪聞　口舌官非一世侵　財散人離入孤獨　所為所作不如心

陀羅、入女命吉凶訣

歌曰　陀羅一曜女人逢　遇吉加臨淫蕩容　凶殺三方相照破　須防相別主人翁

陀羅入限吉凶訣

歌曰　限遇陀羅事亦多　必然忍耐要謙和　若無吉曜同相會　須教一夢入南柯

又曰　夾身夾命有陀羊　火鈴空劫又來傷　天祿不逢生旺地　刑妻剋子不為良

火星南斗浮星。火性剛強出眾，唇齒四肢有傷，毛髮生異，形容各別。諸宮不美，惟貪狼廟旺指日立邊功，為財官格。

利東南生人，不利西北，及喜寅卯巳午生人禍輕，更與擎羊同，則禨祼災厄，孤剋下局。只宜過房外家，寄養重拜父母方可。

女命心毒、內狠外虛、凌夫剋子、不守婦道，多是非、淫慾下賤。

寅午戌人宜　申子辰人陷災咨困　巳酉丑人得地吉　亥卯未人利益吉多發福

（此文解釋在『紫微斗數全書詳析中冊』第294頁起）

火星入限吉凶訣

歌曰　火星得地限宮逢　喜氣盈門百事通　仕宦逢之皆發福　常人得此財豐隆

又曰　火星一宿最乖張　無事官災鬧一場　剋害六親應不免　破財艱苦免恓惶

鈴星火，南斗浮星，性毒、形神破相、膽大出眾，宜寅午戌生人權貴，亦利東南生人及限行，福厚。

西北人限行，成敗雖富貴不久，入廟遇貪狼、武曲鎮邊夷，更會紫、府、左、右不貴即富。

如陷，夭折、破相延壽、離祖，重拜父母。

女命性剛、背六親、傷日子、遇吉豐足。

（此文解釋在『紫微斗數全書詳析中冊』第298頁起）

鈴星入限吉凶訣

歌曰　限至鈴星事若何　貪狼相遇福還多　更加入廟逢諸吉　富貴聲揚處處歌

又曰　鈴星一宿不可當　守臨二限必顛狂　若無吉曜來相照　未免招災惹禍殃

火鈴二星入男命吉凶訣

歌曰　火鈴二曜居廟地　貪狼紫府宜相會　為人性急有威權　鎮壓番邦終有貴

又曰　火鈴在命落閑宮　西北生人作事庸　破盡家財終不久　須教帶疾免災凶

火鈴二星入女命吉凶訣

歌曰　火鈴之星入命來　貪狼相會得和諧　三方無殺諸般美　坐守香閨得遂懷

又曰　火鈴二曜最難當　女命單逢必主傷　若遇三方加殺湊　須防目下入泉鄉

火鈴二星入限吉凶訣

歌曰　火曜二星事若何　貪狼相會福還多　更加吉曜多權柄　富貴聲揚處處歌
又曰　火鈴限陷血膿侵　失脫尋常不可尋　口舌官災應不免　須防無妄禍來臨

地劫火，乃劫殺之神。性重、作事　狂、動靜增惡、不行正道、為邪僻之事。

有吉禍輕、三方加殺少者夭等論

女命只可為偏房、妓婢而已。

（此文解釋在『紫微斗數全書詳析中冊』第303頁起）

地劫入命吉凶訣

歌曰　地劫從來生發疾　命中相遇多啾唧　若遇羊火在其中　辛苦持家防內室

地劫入限吉凶訣

歌曰　劫星二限若相逢　未免當年無禍危　太歲殺臨多疾厄　官符星遇有官非

天空乃空亡之神，性重、作事虛空、不行正道、成敗多端、不聚財，退祖榮昌、空多不吉。名曰斷橋。

有吉禍輕，四殺加少者平等論，多者下賤。

女命單守，只可為偏房妓婢。

（此文解釋在『紫微斗數全書詳析中冊』第306頁起）

天空入命吉凶訣

歌曰　命坐天空定出家　文昌天相富堪誇　若逢四殺同身命　受蔭承恩福可佳

天空入限吉凶訣

歌曰　空亡入限破田庄　妻子須防有損傷　財帛不惟多敗失　更憂壽命入泉鄉

地劫天空同入限吉凶訣

歌曰　極居卯酉劫空臨　為僧為道福興隆　樂居山林有師號　福壽雙全到古齡

又曰　劫空二限最乖張　夫子在陳也絕糧　項羽英雄曾喪國　綠珠逢此墜樓亡

天傷水，乃虛耗之神。守臨二限、太歲，不問得地，只要吉多方可獲善，若無正星又羊、陀、火、忌、巨、機，必主官災喪破財，橫事相侵。夫子絕糧，限到天傷。

天使水，乃傳使之星，務審人間禍福之由，若二限、太歲臨有吉星眾者禍輕。若無正星又值巨、忌、機、四殺，則官災、喪亡、橫事破家。

（此文解釋在『紫微斗數全書詳析中冊』第310頁起）

天傷天使入限吉凶訣

歌曰　天耗守限號天傷　夫子在陳也絕種　天使限臨人共忌　石崇豪富破家亡

天馬火，最喜會祿存，極忌截路空亡。如命在辰戌丑未，遇寅申巳亥有天馬，在

夫妻宮加吉會者富貴，加殺不美，加權祿照臨必主男為官，女封贈。

（此文解釋在『紫微斗數全書詳析中冊』第313頁起）

天馬入限吉凶訣

歌曰　天馬臨限最為良　紫府祿存遇非常　官宦逢之應顯達　士人遇此赴科場

又曰　天馬守限不得住　又怕劫空來相遇　更兼太歲坐宮中　限到其人尋死路

化祿星土，為福德之神。守身、命、官祿之位，科、權相遇必作大臣之職。 小限逢之，進財入仕之喜，大限十年吉慶，惡臨并陀、羊、火、忌曜來沖照亦不為害。

女人吉湊，作命婦，內外威嚴，殺湊，平常。

（此文解釋在『紫微斗數全書詳析中冊』第315頁起）

化祿入命斷訣

歌曰　十干化祿最為榮　男命逢之福自申　武職題名邊塞上　文人名譽滿朝廷

又曰　祿主天同遇太陽　常人大富足田庄　資財六畜皆生旺　凡有施為盡吉祥

化祿入限斷訣

歌曰　限中若遇祿來臨　爵位高遷佐聖明　常庶相逢當大貴　自然蓄積廣金銀

化權星木，掌判生殺之神。守身命科祿相迎，出將入相，會巨門、武曲必專大事，掌握兵符。為人極古怪，到處人欲敬。小限相逢，無有不吉，大限十年必遂，逢凶亦不為災。

如遇羊陀耗使空劫聽說貽累官災貶謫女人得之內外稱意。僧道掌山林有師號。

（此文解釋在『紫微斗數全書詳析中冊』第318頁起）

權星入男命訣

歌曰　權星最喜吉星扶　事業軒昂膽氣麤　更值巨門兼武曜　三邊鎮守掌兵符

權星入女命訣

歌曰　化權吉曜喜相逢　更吉加臨衣祿豐　富貴雙全人敬服　奪夫權柄福興隆

權星入限斷訣

歌曰　此星主限喜非常　官祿高陞佐帝王　財帛豐添宜創業　從今家道保安康

又曰　權星此遇武貪臨　作事求謀盡得成　士子名高添福祿　庶人得此積金銀

化科星水，上界應試主掌文墨之神。守身、命權祿相逢，主人聰明通達。最喜逢魁、鉞，必中科第作宰臣之職。

如遇惡星亦為文章秀士，因作群英師範。但嫌截路、空亡、旬空、天空亦畏忌。

女命吉星拱守，作公卿婦，雖四殺沖破也主富貴。

（此文解釋在『紫微斗數全書詳析中冊』第322頁起）

科星入男命吉凶訣

歌曰　科星文宿最為奇　包藏錦繡美文章　一躍禹門龍變化　管教聲譽達朝堂

又曰　科星入命豈尋常　錦繡才華展廟廊　更遇曲昌魁鉞宿　龍門一躍姓名揚

科星入女命吉凶訣

歌曰　化科女命是良星　四德兼全性格清　更遇吉星權祿湊　夫榮子貴作夫人

科星入限吉凶訣

歌曰　科星二限遇文昌　士子逢之姓名香　僧道庶人多富貴　百謀百遂事英揚

化忌星水，為多管之神。守身、命一生不順招是非。小限逢之一年不足，大限相遇十年悔吝。二限并太歲交臨斷然蹭蹬。文人不耐久，武人縱有官災，口舌不防。商藝人到處不宜，難立腳。

如遇紫、府、昌、曲、左、右、科、權、祿，與忌同宮又兼羊、火、鈴、空，作事進退橫發橫破，始終不得久遠。即係發不住財是也。

一生奔波勞碌或帶疾貧夭。僧道亦流移還俗。然天同在戌化忌，丁人遇吉。巨門在辰化忌，辛人返佳。若太陽在寅卯辰巳午化忌，太陰在酉戌亥子化忌為福論。

若日、月陷地化忌，主大凶。如廉貞在亥化忌是也，火入泉鄉又逢水命入化忌也不為害。

（此文解釋在『紫微斗數全書詳析中冊』第327頁起）

忌星入男命吉凶訣

歌曰　諸星化忌不宜逢　更會凶星愈肆凶　若得吉星來助救　縱然富貴不豐隆

又曰　貪狼破軍居陷地　遇吉化忌終不利　男為奸盜女淫娼　加殺照命無眠睡

忌星入女命吉凶訣

歌曰　女人化忌本非奇　更遇凶星是禍基　衣食艱辛貧賤甚　吉星湊合減災危

忌星入限吉凶訣

歌曰　忌星入廟又為佳　縱有官災亦不傷　一進一退名不遂　更兼遇吉保安康

又曰　二限空中見忌星　致災為禍必家傾　為官退職遭贓濫　胥吏須防禁杖刑

又曰　忌星落陷在閑宮　惡殺加臨作禍凶　財散人離多疾苦　傷官退職孝重逢

祿會祿存富貴，權會巨、武英揚，科會魁、鉞貴顯，忌會身命招是非。

與諸凶神相遇皆與不謀，忌與人少二限相沖。若逢大限，遇紫府昌曲左右魁鉞吉星扶救災少，方防六畜死失，若遇羊陀火鈴劫空傷使，財破身亡。女命逢之防產難之厄，若有救可，多死亡。

歲君火，乃流年太歲星君。

歌曰　太歲之星不可當　守臨官限要推詳，若無吉曜來相助　未免官災鬧一場

斗君正月初一日管事，遇吉斷吉，遇凶斷凶，如太歲、二限美，若斗君正月初一日值在某宮過度，逢凶殺也主其年有得失、災病、官非，依月限斷之。

（此文解釋在『紫微斗數全書詳析中冊』第332頁起）

二　兄弟

（此文解釋在『紫微斗數全書詳析下冊』第9頁起）

紫微有倚靠年長之兄。天府同，三人。天相同，三、四人。破軍同，亦有三人，或各胞生。加羊、陀、火、鈴、空、劫，剋害，有則欠和。

天機廟旺有二人，與巨門同，二人。陷地相背不一心。天梁同，二人。太陰同，

二、三人。見羊、陀、火、鈴雖有而剋害。

太陽廟旺三人。與巨門同，無殺加有三人。太陰同，五人。陷地不和欠力，加羊、陀、火、鈴、空、劫更剋滅半。

武曲廟旺有二人，不合，陷宮加殺只一人。天相同，二人。破軍、七殺同，有一人，不和睦。加昌、曲、左、右有三人。見羊、陀、火、鈴、空、劫，孤單。

天同入廟四、五人，天梁同，二、三人。巨門同，無殺三人。太陰同，四、五人，陷地只二人。見羊、陀、火、鈴、空、劫、忌少，宜分居，不和。

廉貞入廟二人。貪狼同招怨。天相同，二人。七殺同，一人。天府同，加左、右、昌、曲有三人。見羊、陀、火、鈴、空、劫，有剋且不和。

天府有五人。紫微同，加左、右、昌、曲有六、七人。廉貞同，三人。見羊、陀、火、鈴、空、劫只二人。

太陰入廟，兄弟五人。太陽同，亦五、六人。天機同，二人。科、權同，四、五人。見羊、陀、火、鈴、空、劫，減半且剋，宜分居相背。

貪狼廟旺二人，陷地宜各胞。廉貞同，不和。紫微同，有三人。加羊、陀、火、鈴、空、劫孤單。

巨門廟旺，二人。陷地各胞，有宜分居。太陽同，加左、右、昌、曲有三人。天機同，有二人，更乖違不一心。天同同，二、三人。加羊、陀、火、鈴、空、劫孤剋。

天相和平有二、三人，見殺全無。紫微同，有三、四人。武曲同，二人。廉貞同，二人。見羊、陀、火、鈴、空、劫孤單。

天梁廟旺，二人和順。或多不同胞且不和，陷宮全無。天同同，三人。天機同，二人。見羊、陀、火、鈴、空、劫少。

七殺主孤剋。在子、午、寅、申宮方有三人，也不和，宜各人。加昌、曲、左、右更好。

破軍入廟三人，陷地加殺孤單。武曲同，二人。紫微同，二人。廉貞同，一人。加昌、曲、左、右有三人，和睦。加羊、陀、火、鈴、空、劫孤單。

文昌、**文曲**諸宮皆有三人。見羊、陀、火、鈴廟旺不剋，陷宮孤單，加空、劫全無。

左輔有三人。同天同、昌、曲，有四、五人，加羊、陀、火、鈴，二人。有空、劫，欠力不和。

右弼三人。同府、相、紫微、昌、曲，有四、五人。加羊、陀、火、鈴，欠力不和睦。

祿存相生有兄弟，見殺、剋害招怨。羊、**鈴**、剋害，入廟一人，眾吉星加，有二、三人，陷地全無。

火星入廟逢有吉星，有一、二人。加廉、殺、破、鈴孤剋。

鈴星入廟，相生有兄弟。加羊、陀、火、空、劫全無。

斗君逢在兄弟宮過度，逢吉星兄弟一年和睦。逢凶殺，有刑者不見刑，主有兄弟爭鬥。

（此文解釋在『紫微斗數全書詳析下冊』第84頁起）

三　妻妾

紫微晚聘，諧老性剛。天府同，諧老。天相同，年少。破軍同，剋刑，加羊、陀、火、鈴亦刑。貪狼同，有吉星免刑。

天機宜年少剛強之妻可配，夫宜長。加羊、陀、火、鈴主生離，晚娶吉。天梁同，宜年長。太陰同，內助美容。

太陽廟旺遲娶吉，早娶剋，因妻得貴，與天梁同，加左、右招賢明之妻。太陰同，內助。巨門同，無羊、陀、火、鈴、空、劫不剋，有此四殺及空劫定剋。遇耗非禮成婚。

武曲背剋宜遲娶，同年夫婦也相當。加吉星因妻得財，凶星因妻去產。貪狼同，招遲。無刑、七殺同，剋二、三妻。加羊、陀、火、鈴、空、劫更剋。

天同遲娶諧老，夫宜長妻宜少。加四殺欠和生離。巨門同，加四殺亦剋。太陰同，內助美容。天梁同，極美夫婦。

廉貞三度作新郎，即貪狼同，愈剋。七殺同，亦刑，且欠和。加羊、陀、火、鈴主生離。天府諧老，性剛者無剋。

太陽相生寵愛，夫主貴。見羊、陀、火、鈴、空、劫，遲娶免刑，晚娶得諧老。

太陰入廟男女皆貴美夫婦。加昌、曲極美。加羊、陀、火、鈴、空、劫、耗、忌不剋，主生離。太陽同，諧老。天同同，內助。天機同，美好，宜少年。

貪狼男女不得美，三次作新郎，入廟宜遲娶。廉貞同，主剋。加羊、陀、火、鈴主生離。紫微同，年長方可對。

巨門宜年長，定剋欠和。太陽同，無四殺加，諧老。天機同，內助美貌。天同同，性聰之妻白頭。加羊、陀、火、鈴、空、劫，定剋二妻或主生離。

天相貌美賢淑，夫宜年長親上成親。紫微同，諧老。武曲少和。廉貞同，入廟免刑。加羊、陀、火、鈴、空、劫刑剋。

天梁妻宜大，美容。天同同，和氣。天機招美淑。加羊、陀、火、鈴、空、劫乃不和順。

七殺早剋。武曲同亦剋。或遲娶免刑。廉貞主生離。加羊、陀、火、鈴、空、劫剋三妻。

破軍男女俱剋，別娶主生離。武曲同，剋三。廉貞亦剋，且欠和。紫微同，宜年長之妻。

文昌妻少內助聰明。天機、太陰同，主美容，不宜陷地。加羊、陀、火、鈴、空、劫深忌。

文曲相生會太陰諸吉星諧老。同昌、曲妻妾多。加羊、陀、火、鈴、空、劫、忌星有剋。

祿存相生無剋，妻宜年少。並頭遲娶者。加羊、陀、火、鈴、空、劫，見截路、空亡孤單。

左輔、**右弼**諧老。加羊、陀、火、鈴、空、劫、貪、廉同，宜年長剛強之妻。羊、陀入廟加吉星，遲娶免刑，或欠和。陷地早剋，加日、月、巨、機、火、鈴、武、殺主生離。

火、**鈴星**入廟加吉無刑。陷地刑剋。

天魁、**天鉞**多主夫婦美麗。坐妻宮必主得妻財。加吉星同，主貴美夫婦。

斗君過度在妻宮，逢吉星妻妾美無災剋；逢惡星妻妾有災厄。又看人本命妻宮若剋妻者，為主其年刑傷妻妾，若不剋者，可斷其年有災。

四 子女

（此文解釋在『紫微斗數全書詳析下冊』第124頁起）

凡看子女先看本宮星宿主有幾子。若加羊、陀、火、鈴、空、劫、殺、忌主生子女有刑剋。次看對宮有沖刑否，如本宮無星曜，專看對宮有何星宿，主有幾子。若善星、貴星守子女宮，必主其人生子昌盛貴顯。若惡星又同刑殺守子女宮，不是刑剋主生強橫破蕩之子。又看三方四正得南斗星多，主多生男；北斗星多主多生女。若太陽落在陽宮，主先生男。太陰落在陰宮，主先生女。專看刑殺守本宮無制化相生必然絕祀。日生最怕太陰臨，夜生最怕太陽照，此星若在兒女宮方，恐到老無兒叫。

紫微廟旺男三女二。加左、右、昌、曲有五人。加羊、陀、火、鈴、空、劫只一雙。不然偏室生者多或招祀子居長。破軍同，三人。天府同，加吉星四、五人。加昌、曲、左、右有貴子。若獨守再加空劫為孤君。

天機廟旺二人或庶生多。巨門同，一人，天梁同，在辰宮有二、三人。在戌宮女多男少，只可一子。太陰同，二、三人。加羊、陀、火、鈴、空、劫全無子。

太陽入廟男三女二，晚子貴。巨門同，三人。太陰同，五人。陷地有三子，不成材。再加羊、陀、火、鈴、空、劫只留一子送終。

武曲主一子或相生旺者多。破軍同，主刑、止刑只有一人。加羊、陀、火、鈴、空、劫絕祀，貪狼晚招二子。天相同，先招外子後親生一子。七殺同，主孤或傷殘之子。

天同廟旺五子有貴。巨門同，三人。太陰同，五人。在午宮陷地減半。天梁同，先女後男，有二子。守在申宮只可留一子送終。在寅宮加吉星有三子。加羊、陀、火、鈴、空、劫見刑剋子少送終。

廉貞一人。天府同，主貴子三人。若貪狼、破軍、七殺同，主孤。再加羊、陀、火、鈴、空、劫全無。天相同，有二子。

天府五人。武曲同，二人。紫微同，四、五人。廉貞同，三人。加羊、陀、火、鈴、空、劫只三人。

太陰女三男二，先女後男，廟旺有貴子。陷地減半，招軟弱之子或虛花不成器。太陽同，五人。天機同，二人。天同同，五人。廟地無剋，陷宮有剋。加羊、陀、火、鈴、空、劫子少。

貪狼廟旺二人，早有刑剋。紫微同，二人。廉貞同，子少。加吉星二人。武曲同，三人。先難後易。

巨門入廟二人，先難後易，太陽同居，頭一二子易養。加羊、陀、火、鈴，子少。天機同，一人，有吉星同二人。加空、劫全無。

天相無羊、陀、火、鈴同，有二子成器。有殺，先招祀子居長，親生一二子。紫微同，加昌、曲、左、右有三、四人，武曲同，有三人。見羊、陀、火、鈴、空、劫，必剋，宜偏室生。

天梁廟旺二人，加羊、陀、火、鈴、空、劫早剋，天同同，加昌、曲、左、右吉星有三人。天機同，有二人，加羊、陀、火、鈴、空、劫全無。

七殺主孤一人之分。紫微同，再吉星有三人；見羊、陀、火、鈴、空、劫全無。

縱有，不成器必強橫、敗家之子。

破軍入廟三人，剛強之子。紫微同，三人。武曲同，加昌、曲、左、右有三人。廉貞同，一人，見羊、陀相生有制，無制見空、劫、火、陀少子。

左輔單居，男三女一。見紫微、天府諸吉星，主貴子。見破、殺、羊、陀、火、鈴、空、劫只二人，有也不成器。

右弼三人，加吉星有貴子，見羊、陀、火、鈴、空、劫減半。

文昌三人，加吉星更多，有擎、陀、火、鈴、空、劫，只可一子之分。

文曲廟旺有四人，陷地有二、三人，加擎羊、陀羅、火、鈴子少。

祿存主孤，宜庶出一螟蛉之子，加吉星有一人，加火星諸殺孤刑。

羊、**陀**陷宮孤單，加吉星廟旺有一人。如對宮有吉星多，無殺沖亦有三、四人。見耗、殺、忌在本宮絕嗣。

火星逢吉同不孤，陷宮加殺刑傷。

鈴星獨守孤單，加吉星入廟可許庶出，看對宮吉多二、三人。

魁、**鉞**單守主有貴子。

斗君在子女宮過度，逢吉子女昌盛，逢凶刑剋或子破家。

五　財帛

（此文解釋在『紫微斗數全書詳析下冊』第160頁起）

紫微豐足倉箱，加羊、陀、火、鈴、空、劫不旺。破軍同，先難後易。天相同，財帛蓄積。天府同，富足，終身保守。加左、右為財富之官。七殺同，加吉，財帛橫發。

天機勞心費力生財，巨門同，鬧中求取。天梁同，機關巧計生外財。太陰同，陷宮成敗。加羊、陀、火、鈴、空、劫，一生有成有敗。

太陽入廟豐足，陷宮勞碌不遂。太陰同，加左、右吉星，發財不小。祿存同，操心得財致大富。巨門同，早年成敗中未充盈。

武曲豐足，化吉有巨萬家資，無吉加，鬧中進財。破軍同，東來西去，先無後有。天相同，財帛豐盈，遇貴生財成家。七殺同，白手生財成家。貪狼同，三十年後方發財。加羊、陀、火、鈴不聚，極怕空亡。

天同白手生財，晚發。巨門同，財氣進退。天梁同，財大、旺。加四殺、空、劫，或九流人生財成家。

廉貞在申、寅宮，鬧中生財。陷宮先難後易。貪狼同，橫發橫破。見羊、火極生橫進之財。七殺同，鬧中取。天相同，富足倉箱。加耗、劫、天空常在官府中破財。

天府富足，見羊、陀、火、鈴、空、劫，有成敗。紫微同，巨積。廉貞、武曲同，加權、祿為富奢翁。

太陰入廟富足倉箱，陷宮成敗不聚。太陽同，先少後多。天機同，白手生財成家。天同同，財旺生身。祿存兼左、右同，主大富。

貪狼廟旺橫發，陷地貧窮。紫微同，守現成家計，自後更豐盈。見火星三十年前成敗，三十年後橫發。

巨門白手生財成家，宜鬧中取，氣高之人橫破。太陽同，入廟守現成家計。天機同，財氣生身，所作不一。天同同，白手成家，九流人吉。加羊、陀、火、鈴、空、劫破財多端。

天梁富足，入廟上等富貴。陷宮辛勤求財度日。天同同，白手生財勝祖，天機同勞心用力、發財不多，更改方見成家。加羊、陀、火、鈴、空、劫先難後易，僅足度日。

天相富足。紫微同，財氣橫進，武曲同，加四殺，百工生財，廉貞同，商賈生財，加羊、陀、火、鈴、空、劫、耗、忌成敗無積聚。

破軍在子、午宮，多有金銀寶貝蓄積。辰、戌旺宮亦財盛，陷宮破不積聚。武曲同，守巳、亥宮，東來西去。紫微同，先去後生，廉貞同，勞碌生財，先難後遂。加空、劫極貧。

文昌富足倉箱。加吉星財氣旺，巨門同，富。陷地加同陀、火、鈴、空財寒儒輩。

文曲入廟富足。加吉星得貴人財，加羊、陀、火、鈴、空、劫、耗、忌，東來西去成敗不遂。

左輔、**右弼**諸宮富足。會諸吉星得貴人財，加羊、陀、火、鈴、空、劫、耗、忌，主成敗而不聚。

祿存富足倉箱、堆金積玉。加吉，美不待勞而財自加，羊、陀、火、鈴、空、劫、耗忌先無後有。

擎羊，辰、戌、丑、未宮鬧中生財，陷地破祖不聚，終不能發達，只魚鹽污垢中生財。

陀羅鬧中生財，陷宮辛勤求財度日。加空、劫東來西去。

火星獨守橫發橫破，陷宮辛勤，加吉星財多遂志。

鈴星入廟獨守，橫發。陷地孤寒辛苦度日。

魁、**鉞**主清高中生財，一生遂意。

斗君遇吉其月發財，遇凶惡、空劫、耗忌星其月損財，招口舌官非，為財而起。

六 疾厄

（此文解釋在『紫微斗數全書詳析下冊』第192頁起）

先看命宮星曜落陷，加羊、陀、火、鈴、空、劫、化忌守照如何，又看疾厄宮星曜善惡，廟、旺、落、陷如何斷之。

紫微災少，天府同亦少，天相同皮胎勞。如加破軍血氣不和，同羊、鈴主有暗疾，加空、劫主痰疾、心氣疾。

天機襁褓多災，陷地頭面破相，巨門同血氣疾，天梁同下部疾，太陰同瘡災。加羊、火陷宮，有目疾、四肢無力。

太陽頭風。太陰同，加化忌、羊、陀主眼目有傷，陷宮亦主目疾欠光明。

武曲襁褓災迍，手足頭面有傷。羊、陀同一生常有災。天相同招暗疾。七殺同血疾。貪狼同廟旺無疾，陷地加四殺眼、手、足疾、痔疾、瘋瘡。

天同入廟災少，巨門同心氣疾。太陰同加羊、火、血氣疾。天梁同加四殺心氣疾。

廉貞䄡褓災瘡、腰足之疾，入廟加吉和平。遇貪狼同，陷地眼疾災多。七殺、破軍、天府同災。

天府災少，臨災有救。紫微同災少，加羊、陀、火、鈴、空、劫有瘋疾，廉貞同加劫、殺、空亡半途傷殘。

太陰廟旺無災，陷地災多主勞傷之症，女人主有傷殘。若太陽同加吉美一生災少。羊、陀、火、鈴眼目疾。加空劫有瘋疾，天同同加羊、陀陷宮，主加症。同火、鈴多災。

巨門少年膿血之厄。太陽同有頭瘋疽，天同同下部主有瘋症，加羊、火酒色之疾，加忌有耳目之憂。

天相災少，面皮黃腫，血氣之疾。紫微同災少，武曲同加殺破相，廉貞同加空劫手足傷。

七殺幼年多災，長主痔疾。武曲同加四殺手足傷殘，廉貞主目疾，加擎羊四肢有傷殘。

破軍幼年瘡癩、濃血、羸黃。武曲同目視疾，紫微同災少，廉貞同加羊、火四肢有傷殘。

文昌獨守災少。加羊、陀、火、鈴、空、劫災多，同諸吉星一生無災。

文曲災少，加吉星一世無災。加羊、陀、火、鈴、空、劫坐陷宮災有。

左輔獨守平和，加吉星災少，見羊、陀、火、鈴、空、劫常有災。

右弼獨守逢災有救，見羊、陀、火、鈴、空、劫災多。

祿存少年多災，加吉星災少。見羊、陀、火、鈴四肢必傷殘，加空、劫致暗疾延生。

擎羊有頭瘋之症或四肢欠力，頭面破相延壽，加吉星災少。

陀羅幼年災磨，唇齒頭面有傷破方可延壽。

火鈴主一生災少，身體健旺伶俐。

斗君遇吉身心安寧，其年無災，遇凶殺本生人有畏忌，其年多災。

七　遷移

（此文解釋在『紫微斗數全書詳析下冊』第202頁起）

紫微同左右，出外貴人扶持發福。天府同出入通達，天相同在外發財，破軍同貴人見愛小人不足，加羊、陀、火、鈴、空、劫，在外不安靜。

天機出外遇貴，居家有是非。巨門同動中則吉，天梁同出外稱意，太陰同忙中吉，加羊、陀、火、鈴在外多是非，身不安靜。

太陽宜出外發福，不耐靜守。太陰同出外忙中吉，巨門勞心，加羊、陀、火、鈴、空、劫，在外心身不清閑。

武曲鬧忙中進，少不宜靜守。貪狼同作巨商。七殺、破軍同，身心不得靜守。加羊、陀、火、鈴在外招是非。

天同出外遇貴人扶持。巨門同勞心，太陰同辛苦，天梁同貴人見愛。加羊、陀、火、鈴、空、劫在外少遂志。

廉貞出外通達近貴，在家日少。貪狼同鬧中立腳，七殺同在外廣招財，天相同動中則吉，加羊、陀併三方有凶殺，死於外道。

天府出外遇貴人扶持。同紫微發福。廉貞、武曲鬧中取財，作巨商。

太陰入廟出外遇貴發財，陷宮招是非。太陽同極美，天機同欠寧靜，天同同在廟旺地，出外白手生財成家。

貪狼獨守，在外勞碌，鬧中橫進財。廉貞同加四殺，在外艱難。武曲同作巨商，加羊、陀、火、鈴、空、劫、耗、殺，流年遭兵劫掠。

巨門出外勞心不安，與人不足，多是非，加羊、陀、火、鈴、空、劫愈甚。

天相出外貴人提拔。紫微同吉利，武曲同在外發財，廉貞同加羊、陀、火、鈴招是非，小人不足。

天梁出外近貴，貴人成就。天同同福厚，天機同藝術途中走。

七殺在外日多，在家日少，武曲同動中則吉，廉貞同在外生財，紫微同在外多遂志，加羊、陀、火、鈴、空、劫又操心不寧或流蕩天涯。

破軍出外勞心不寧，入廟在外崢嶸。加羊、陀、火、鈴奔馳，巧藝走途中，加文昌、文曲、武曲相會，優伶之人。

文昌出外遇貴發達，小人不足。加羊、陀、火、鈴、空、劫，在外欠安寧。

文曲在外近貴，加吉星得財，加羊、陀、火、鈴少遂志。

左輔動中貴人扶持、發福。加羊、陀、火、鈴，下人不足，多招是非。

右弼出外遇貴人扶持、發達，不宜靜守，加羊、陀、火、鈴、空、劫在外與人有爭競。

祿存出外衣祿遂心，會羊、陀、火、鈴、空、劫，與人多不足意。

擎羊入廟，在外衣祿遂心，加吉星鬧中發財，陷地有成，下人多不足。

陀羅會吉星，在外遇貴得財，陷地加羊、陀、火、鈴、空、劫，多招是非，下人不足。

火星獨守，出外不安。加吉星鬧中進財，加羊、陀、空、劫招是非，在外少遂志。

鈴星有吉星同，出外吉。加羊、陀、空、劫不足招是非。

斗君過度遇吉，動中吉。遇凶殺，動中有口舌。

八　奴僕

（此文解釋在『紫微斗數全書詳析下冊』第216頁起）

紫微成功得力，旺主生財。加擎羊、火、鈴、陀羅欠力，破軍，同先難後有招。天相同得力，加空、劫招怨逃走。

天機入廟得力，陷地怨主。天梁同，晚招。太陰同，欠力，巨門加吉星有奴婢，加擎、陀、火、鈴、空、劫全難。

太陽入廟旺主發，陷宮無分，有也怨主會走。太陰同多招，巨門同有多招怨。加羊、陀、火、鈴奴則為背主。

武曲旺宮不少，一呼百諾。天府同，多奴多婢。破軍同，招怨會走，末年有招。天相同得力，七殺同背主，貪狼同欠力。

天同得力旺相，巨門先難後易，太陰同得力，天梁同助主。加羊、陀、火、鈴有背主之奴，若見空、劫怨主會走。

廉貞陷地，奴背主晚年方招得。入廟一呼百諾。貪狼同，欠力。七殺同背主。天姚同多奴多婢。加羊、陀、火、鈴，不旺會走。

太陰廟地得力成行。太陽同多奴多婢。天機同欠力。天同同旺主。加羊、陀、火、鈴、空、劫，雖有而走，陷地全無。

天府得力一呼百諾，紫微同助主。廉貞、武曲同，奴僕有多。加羊、陀、火、鈴、空、劫，多背主逃走。

貪狼初難招，敗主之奴。陷地全無。廉貞同亦少，紫微同有奴婢，加羊、陀、火、鈴、空、劫，雖有難育。

巨門入廟，早年不得力，招是非，不能久居。太陽同，助主衛家。天機同不一心，天同同末年招得。

天相末年招得。紫微同多奴多婢。武曲同怨主，廉貞同末年可招。加羊、陀、火、鈴、空、劫，欠力逃走。

天梁奴多，旺主。天同同有衛家之奴，天機同不一心。

七殺欺主，有剛強之僕，多盜家財。武曲同背主。廉貞欠力，加羊、陀、火、鈴、空、劫，全難招。

破軍入廟得力，陷宮招怨背主。武曲同違背。紫微同得力。廉貞同欠力。加羊、陀、火、鈴、空、劫難招。

文昌入廟獨守，得力助主。加羊、陀、火、鈴、空、劫，雖有背主。

文曲入廟得力，陷宮無分。加羊、陀、火、鈴、空、劫，怨主逃走。

左輔獨守，旺相，一呼百諾。加羊、陀、火、鈴、空、劫、耗、忌，背主難招。

右弼獨守，成行。加羊、陀、火、鈴、空、劫、耗、忌，背主盜財而走。

祿存奴僕多。加吉星衛主起家。見羊、陀、火、鈴、耗、忌欠力。

擎羊背主招怨，不得力，有也不長久。入廟晚年方可招。

陀羅奴僕欠力怨主，入廟加吉星有分。

火星獨守，怨主不得力。加吉星入廟可招一、二。

鈴星獨守，不得力恨主。會吉星入廟，助主衛家。加空、劫、耗、忌全欠力。

斗君過度，逢吉星則奴僕歸順；逢凶忌耗殺，或恨主而走，或因奴僕而招是非。

九 官祿

（此文解釋在『紫微斗數全書詳析下冊』第229頁起）

紫微廟旺，遇左、右、昌、曲、魁、鉞，軒勝位至封侯伯。加羊、陀、火、鈴平常，天府同權貴，名利兩全。天相加，內外權貴清正，破軍同，鬧中安身。

天機入廟權貴，會文曲為良臣，見羊、陀、火、鈴不宜。天梁同，文武之材。太陰同名振邊夷。陷宮退官失職，吏員立腳。

太陽入廟文武為良。不見羊、陀、火、鈴吉。太陰同貴顯，左、右、昌、曲、魁、鉞同，更加科、祿、權，定居一品之貴。

武曲入廟，與昌、曲、左、右同宮，武職崢嶸，常人發福。會科、權、祿為財富之官。貪狼同為貪污之官。破軍同，軍旅內出身與安身。七殺同橫立功名，陷宮加陀、鈴、劫、忌，功名無分。

天同入廟文武皆宜，無羊、陀、火、鈴吉。巨門同，先小後大，太陽、昌、曲、科、權、祿吉美。天梁同權貴，太陰同陷宮胥吏論。

廉貞入廟武職權貴，不耐久。貪狼同鬧中權貴，紫微會三方，文職論。七殺同軍旅出身，天相、天府同，衣錦富貴。

天府入廟文武皆吉，無羊、陀、火、鈴、空、耗全美。紫微同文武聲名。廉貞、武曲同，權貴。見空、劫平常。

太陰入廟多貴，陷地氣高橫破，難顯達。會太陽、昌、曲、左、右，三品之貴。天同同文武皆宜。天機同，鬧中進身，吏員立腳。

貪狼入廟遇火、鈴，武職掌大權。紫微同文武之職，權貴非小。陷宮貪污之官，加羊、陀、空、劫平常。

巨門入廟，武職權貴，文人不耐久。太陽同有進退，入廟久長。天機同，在卯宮吉美，在酉宮雖美無始終。陷宮遭悔吝，加羊、陀、火、鈴、空、劫更不美，退官卸職。

天相入廟，文武皆宜，食祿千鍾，陷地成敗。紫微同權貴。昌曲左右同權顯榮貴。武曲同邊夷之職。廉貞同崢嶸權貴，加羊、陀、火、鈴、空、劫有貶謫。

天梁廟旺，會左、右、魁、鉞，文武之材。天同同權貴不小，天機同崢嶸貴顯。加羊、陀、火、鈴、空、劫平。

七殺廟旺，武職崢嶸，權貴非小，不宜文人。武曲同，權貴。廉貞同，功名顯達。

破軍廟旺，武職軒勝。武曲同，加權、祿、文昌、文曲顯達，加羊、陀、火、鈴平常，紫微同官名振揚，廉貞同，文人不耐久，胥吏最美。

文昌入廟，太陽同加吉，科、權、祿，文武之材。同天府、文曲，富貴雙全。

文曲廟旺，文武皆宜，陷宮與天機、太陰同宮，胥吏權貴。會紫府左右，近君顏而執政。加羊、陀、火、鈴、空、劫，平常。

左輔入廟，文武之材，武職最旺，不利文人，會吉星身中清，文武皆良。見羊、陀、火、鈴、空、劫，進退聲名。

右弼宜居武職，不和文人。與紫府昌曲同，財官雙美。陷宮成敗有貶謫，見羊、陀、火、鈴、空、劫，亦有黜降。

祿存會吉，文武皆良，財官雙美，子孫爵秩，諸宮為美。

擎羊入廟，最利武職。同吉星權貴，陷地平常，虛名而已。

陀羅獨守平常，加吉星亦虛名而已。

火星晚年功名遂心，早年成敗，會紫微、貪狼吉，陷地不美。

鈴星獨守旺宮吉，陷地不美，加諸吉星權貴。

斗君遇吉，其年月財官旺，逢凶忌財官不顯達，有勞碌奔波。

定公卿

輔弼星纏帝座中　高官三品入朝中　空亡惡曜三方見　只是虛名受蔭封

定兩官府

昌曲二曜最難逢　建節封侯笑語中　若然凶殺來臨破　須然好處也成凶

定文官

文官昌曲掛朝衣　官祿之中喜有之　紫相更兼權祿至　定居風憲肅朝儀

定武官

將軍武曜最為良　帝座權衡在祿鄉　輔弼二星兼拱照　金章玉帶佐皇王

定曹吏

太陽化官在陽宮　更有光輝始不凶　若逢紫微兼左右　一生曹吏呈英雄

十　田宅

（此文解釋在『紫微斗數全書詳析下冊』第239頁起）

紫微茂盛，自置旺相。加羊、陀、火、鈴、空、劫，有置有去。破軍同，退祖。天相同，有現成家業。得左、右、昌、曲。

天機退祖新創置。巨門同在卯宮，有田庄。在酉宮，不守祖業，先大後小。天梁同，有置晚年富。太陰同，自置旺相。

太陽入廟得祖業，初旺末平，太陰同加吉星，田多。巨門同在寅宮，旺盛；在申宮，退祖不為無田產。陷地逢羊、陀、火、鈴、空、劫，全無。

武曲單居旺地，得祖父大業；陷地退後方成。破軍，大耗同，破蕩家產，有也不耐久。天相同先見破後方有，七殺同心不欲，天府同見守現成家業，貪狼同晚置，見火鈴星同極美，田產茂盛。同空、劫，有進有退。

天同先少後多，自置甚旺。巨門同，田少，太陰同入廟，大富。天梁同，先選後進。加羊、陀、火、鈴、空、忌，全無。

廉貞破祖，貪狼同有祖業不耐久，七殺同自置，天府同守現成家業，天相同先無後有。

天府田園茂盛，守祖自置旺相，紫微同大富。廉貞、武曲同，守祖業榮昌。見羊陀火鈴空劫，更少，有成敗。

太陰入廟田多，陷地加忌及羊陀火鈴空劫，田全無。天機同自創置。天同同白手自置。同左右權祿及祿存，主多田產。

貪狼陷宮退祖，一世田少。廟旺有祖業也去，中未自有置。廉貞同無分。紫微同有祖業。武曲同晚置。見火鈴星守祖業，有自創，但恐火焚屋宅。

巨門廟旺，橫發置買，陷地無分，因田產招非。太陽同先無後有，加羊陀火鈴空劫，田宅全無。

天相廟旺有分。紫微同自置。武曲同無分。廉貞加羊陀火鈴空劫，飄零祖業。

天梁入廟旺，有祖業。天同同先難後易。天機同不見羊陀火鈴空劫，終有田宅。

破軍在子、午宮，守祖業榮昌，但有進退，加羊陀火鈴，退祖田少。紫微同有現成家業，廉貞同先破後有置，耗忌全無。

文昌會諸吉，田園廣置，加羊陀火鈴空劫，敗祖。

文曲旺地有分，守祖業，加吉星自置。同羊陀火鈴空劫湊，有進有退。

左輔有祖業，加羊陀火鈴空劫，退祖田地少，會吉星多。

祿存田園多，旺自置。會吉星承祖業榮昌，加羊陀火鈴空劫，田宅少。

擎羊入廟，先破後成，陷地加空劫，退祖業。

陀羅退祖辛勤度日，加吉星先無後有。加空劫全無。

火星獨守退祖業，會吉星先無後有，加空劫全無。

鈴星退祖，入廟加吉星自有置，見空劫全無。

斗君過度，遇吉星，其年田產倍進，逢凶殺忌耗，退敗。

十一 福德

（此文解釋在『紫微斗數全書詳析下冊』第252頁起）

紫微福厚，享福安樂，天府、天相同，終身獲吉。破軍勞心費力不安，加羊陀火鈴空劫，福薄。天鉞同享福終身。

天機先勞後逸。巨門同勞力欠安。天梁同享福。太陰同主快樂。加羊陀火鈴空劫，奔走不得寧靜。

太陽忙中發福，太陰同快樂，巨門同費力欠安，天梁同快樂。女人會吉星，招賢明之夫享福，加羊陀火鈴空劫忌耗，終身不美之論。

武曲勞心費力，入廟安然享福。破軍同，東走西行不寧靜。天相同老境安康。七殺同欠安康。貪狼同晚年享福，見火鈴星安逸，加羊陀操心費力。

天同快樂有福有壽。巨門同多憂少喜，太陰同享福，天梁同清閑快樂。

廉貞獨守，忙中生福。天相同有福有壽，天府同安樂無憂，破軍同不守靜，勞心費力。再加羊陀火鈴，勞苦終身，末年如意。

天府安靜享福。紫微同快樂。廉貞同身安心仁。武曲同早年更辛苦，中、晚安樂享福。加羊陀火鈴空劫耗忌，勞苦過日。

太陰入廟，享福快樂。太陽同極美，僧道亦清潔，享福。天機同心忙，天同同安靜無憂。加羊陀火鈴空劫，有憂有喜不得安靜。

貪狼勞心不安，廉貞同福薄，紫微同晚年快樂。

巨門勞力不安。太陽同有憂有喜。天機同心忙不安。天同同享福。加羊陀火鈴空劫，生平多憂。

天相安逸享福有壽。紫微同快樂。廉貞同忙中吉。**武曲**同福壽雙全。加羊陀火鈴空劫，不得心靜。

七殺入廟享福，陷地加羊陀火鈴，勞心費力。武曲同欠安。廉貞同辛勤。紫微同先勞後逸。末年方如意遂心。女人單居福德，則必為娼婢。

破軍勞心費力，武曲同欠安。廉貞同辛勤，紫微同安樂。加羊陀火鈴空劫，操心不得寧靜。

文昌加吉星，入廟享福快樂，陷地遇羊陀火鈴空劫，心身俱不得安靜。

左輔加吉星享福。獨守，晚年安寧，加羊陀火鈴空劫，辛勤。

右弼生平福祿全美，加吉星一生少憂，見羊陀火鈴空劫湊，勞心欠安。

祿存終身福厚，安靜處世。加吉星有喜有福，見羊陀火鈴空劫，心身不得寧靜。

魁鉞有貴人為伴，享福快樂。

擎羊入廟，動中有福，陷宮勞心欠力。得吉星同，減憂。獨守，身心不安。

陀羅獨守辛勤，入廟有福祿，陷地奔馳。加吉星晚年有福。

火星欠安，勞力辛勤，加吉星晚年遂志。

鈴星勞苦，加吉星平和，獨守辛勤。

斗君遇吉，其年安靜，逢凶殺，不寧。

歲君大小限經過逢吉則享福，逢凶則勞力辛苦。

十二 父母

（此文解釋在『紫微斗數全書詳析下冊』第264頁起）

凡看父母，以太陽星為父，太陰星為母。太陽在陷宮，主先剋父。太陰在陷宮，主先剋母。如二星俱在陷地，只以人之本生時，日生者主父存，夜生者主母在。若夜生者，太陰星主母存，反背不明主母先剋，日生時者主父在，反背暗晦主父先剋。余試之屢驗矣，學者宜心識之。先有本宮某星主刑剋，又加惡殺的以刑剋斷之，據理參詳在乎人之自悟耳。

紫微無剋，天府同亦無刑。加羊陀火鈴空劫亦剋。天相同無刑，貪狼同無殺加亦無刑，破軍同早剋。

天機廟旺無刑，陷地逢羊陀火鈴空劫二姓寄居，重拜父母或過房入贅。太陰同免刑，天梁同無刑，俱要無殺加；有殺加也不免刑傷，巨門早刑。

太陽入廟無剋，陷地剋父。加羊陀火鈴空劫，剋父母早。太陰同看無羊陀湊父母全遲刑，巨門同，加四殺、空劫，早剋。天梁同無刑。

武曲剋早退祖業不刑。貪狼同刑剋。七殺同有刑。天相同加羊陀火鈴空劫，刑傷。

天同獨守廟旺無刑。加四殺重拜父母，巨門同欠和，太陰同父母雙全，天梁同有刑或退祖業；加羊陀火鈴空劫，父母不全。

廉貞難為父母，棄祖重拜。貪狼同早刑，七殺孤剋，天府同免刑，破軍同早刑，加羊陀火鈴空劫，父母不周全。

天府父母雙全，紫微同亦無刑。廉貞、武曲同在廟旺無刑，加羊陀火鈴空劫主傷。

太陰入廟無剋。加羊陀火鈴剋母，不然過房棄祖。太陽同無四殺父母雙全。天機同無刑，天同同極美。

貪狼陷地，早棄祖重拜過房，入贅。廉貞同早刑，主孤單。紫微同無殺加，雙全。

巨門陷地，傷剋棄祖過房。太陽同少和，天機同重拜。天同同或退祖無刑。加羊陀火鈴空劫，父母不周全。

天相廟旺無刑。紫微同無刑剋，廉貞同有刑。加羊陀火鈴空劫，早刑。

天梁陷地加羊陀火鈴，孤剋棄祖，入贅、更名，寄人保養免刑。天同同加四殺有刑，無殺無刑。天機同無刑。太陽同剋遲。加四殺空劫亦剋早。

七殺剋早、離祖、六親骨肉孤獨。武曲同亦刑。廉貞同刑早。紫微同加吉星無刑。加羊陀火鈴空劫，父母不周全。

破軍剋早，離祖更名寄養免刑。武曲同剋早，廉貞同亦早剋，紫微同無刑。

文昌加吉星入廟無刑。加羊陀火鈴，有刑，或退祖二姓延生。

文曲獨守入廟無刑。加羊陀火鈴空劫，父母俱不周全。

左輔獨守無刑。廉貞同早刑，加文昌相生無刑，加羊陀火鈴刑傷退祖，二姓延生。

右弼獨守無刑。加吉星得父母庇蔭。見羊陀火鈴湊，離祖二姓安居。

祿存無剋。加空劫羊陀火鈴，早年有破父財，且刑傷中不自成家計。

擎羊刑剋早，會日月重重退祖，加吉星集免刑。

陀羅幼年刑傷，會日月重重退祖二姓安居。加吉星入贅過房或重拜二姓延生。

火星獨守孤剋，二姓延生。加吉星平和。

鈴星刑剋孤單，二姓安居，重拜父母，入贅過房。

魁鉞主父母榮貴，同吉星雙全。

斗君過度，逢吉父母吉利，無災傷、得安逸、內外有喜。遇凶則父母不利。

談星要論

（此文解釋在『紫微斗數全書詳析《批命篇》』第11頁起）

看身命，祿馬不落空亡、天空、截空最緊，旬空次之。第一、看命主吉凶廟旺，化吉化忌生剋。次看身主吉凶生剋，三看遷移、財帛、官祿三方星辰刑沖剋破，四看福德宮權祿劫空廟陷，以福德對財帛宮也。

身、命、遷移、財官、福德、六宮，名曰八座。俱在成照聚吉化吉，富貴高壽。六宮俱陷，聚凶化忌夭壽貧孤。若卯酉時生人者尤外，有田宅、疾厄已錄於后。

又看父母、妻、子三宮，俱有劫空、殺忌，僧道之命；否則孤獨貧窮。若命宮無正曜者，財官二宮有吉星拱照，富貴全美，或偏房庶母所生。三方有惡星沖照或二姓可延生；離祖可保成家。如命宮有正曜吉星廟旺化吉，三方又有吉星會合，上上之命。如無正曜吉星，三方有吉，上次之命。

命宮星辰無吉無凶或吉凶相半者，如三方亦有中等星辰為中格；及命宮星辰入廟旺，三方有惡星守照破格；及命星陷背加羊陀化忌劫空得十干祿元來相守化吉，亦為中等之命。

若命無吉星，返有凶殺、化忌、無祿、落陷為下格之命。三方有吉星亦可為中等，先小後大，不能久遠，終為成敗夭折論。

若安命星纏陷地又加凶殺化忌，三方又會羊陀火鈴空劫，為下格貧賤、二姓延生、奴僕之命。否則夭折，六之畜命。

論人命入格

（此文解釋在『紫微斗數全書詳析《批命篇》』第15頁起）

如命入格廟旺聚吉，科權祿守，上上之命。不入廟加吉、化吉科權祿，上次之命。不入廟不加吉，平常命。入廟不加吉，平等。若居陷地又加殺、化忌，為下格之命。不以入格而論也。

又入格不化吉而化凶，只以本命吉凶多寡而斷之。

論格星數高下

（此文解釋在『紫微斗數全書詳析《批命篇》』第17頁起）

紫府與數相合何如?紫微南北斗中天帝主，天府乃南斗主。又有陰陽相半者，看陰陽不相半。又數不相生為下格。陰陽純駁為中格。又三方四正皆吉星為上格，吉凶相半守照為中格，吉星惡殺為下格，凶徒論。

凡星得上格而數得上格，為第一位。凡星得上格而數得中格，為第二位，至三公。星得上格而數得下格，為第三位，至六卿。皆為上格，上壽之人。星得中格而數得下格，為第四位，至監司。星中數中為第五位，至縣令。星中數下為第六，異路前程貴顯，皆得中等享福之人也。

又星得下格而數得上格，為第七，衣祿豐足富比陶朱，子孫繁盛，壽享遐齡。以星雖凶而文入格合局。故也再否。虛名虛利。

星下數中為第八，衣食無虧。星下數下為第九，辛苦奔波貧窮夭折。上、中、下三等依理而斷也，則上可以知祖宗之源，而下可以知子孫之昌盛也。

論男女命異同

（此文解釋在『紫微斗數全書詳析《批命篇》』第21頁起）

男女命不同，星辰各別。男命先看身、命，次看財帛、官祿、遷移。俱要廟旺為吉，敗陷聚凶為凶。三看福德，權祿劫空廟陷吉忌。外看田宅、妻妾、疾厄宮，吉凶已錄於後。

又看父母、妻、子三宮俱有劫空殺忌，則僧道之命。否則貧窮孤獨。需要仔細參詳，方可斷人禍福榮辱。

女命先看身、命吉凶。如貪狼、七殺、擎羊則不美。次看福德宮吉凶，若七殺單居福德必為娼婢。三看夫君，四看子媳、財帛、田宅，若桃花刑殺，要敗絕空吉為吉。若諸吉廟旺不佳，雖是艱苦貧困亦不為下賤夭折論。

女因夫貴，女命貴格反為無用。以子媳、夫君、福德為正強。田宅、財帛為次強。官祿、遷移、七殺為陷。

論小兒命

（此文解釋在『紫微斗數全書詳析《批命篇》』第25頁起）

小兒博士、力士，上短下長。青龍、將軍，腮小頭圓。大耗，鼻仰唇縮。死符、病符，聲高性雄。官符、奏書，逢惡曜落地無聲。白虎、太歲遇七殺，幼弱遭傷，須分生剋制化之垣，更看時祿衰敗之地，後觀關殺方知壽夭窮通。

小兒初生，命中星辰廟旺，大小二限未行，斷其災少易養，父母無剋。若命坐惡殺及纏陷地，大小二限未行，斷其災多、難驚，刑剋父母。

定小兒生時訣

子午卯酉單頂門　或偏左邊二三分　寅申巳亥亦單頂　偏居右去始為真
辰戌丑未是雙頂　胞胎受定正時辰

（此文解釋在『紫微斗數全書詳析《批命篇》』第27頁起）

又

子午卯酉面向天　寅申巳亥側身眠　辰戌丑未臉伏地　臨盆當試用心堅

論人生時安命吉凶

（此文解釋在『紫微斗數全書詳析《批命篇》』第29頁起）

凡男女，生在寅午戌申子辰六陽時，安命在此六宮者吉。生在巳酉丑亥卯未六陰時，安命在此六宮者吉，反此則少遂。

論人生時要審的確

（此文解釋在『紫微斗數全書詳析《批命篇》』第30頁起）

如人生子亥二時最難定準，要仔細推詳。如子時有十刻，上五刻屬昨夜。亥時下五刻屬今日。子時如天氣陰雨之際，必須羅經以定真確時候，若差訛則命不準矣。

論小兒剋親

（此文解釋在『紫微斗數全書詳析《批命篇》』第32頁起）

加寅午巳酉生人，見辰戌丑未時最毒，子申亥卯生人次之。若寅亥巳生人，見午申酉亥時，主先剋父，出十六歲則不防。若辰巳丑未生人，見子午卯巳亥申酉生時者，主先剋母。

論命先貧後富

（此文解釋在『紫微斗數全書詳析《批命篇》』第35頁起）

人生於富貴之家，一生快樂享福、財官顯達、妻榮子貴、奴僕成行、聲名昭著。其間有半途遭傷，人離財散、官非火盜、身喪家亡此等之命，非命也。明是限步，逢大小二限及太歲相沖照，又加凶殺守臨，故此破敗不貧即損壽也。所謂先成後敗、先大後小也。

又有人命出身微賤，營活生理百工巧藝、九流醫術、又為農圃等輩，初歷艱辛度日，卻乃中末平地升騰發財，驚駭鄉邦；因生在中庸之局，後因限步相扶，星辰逢吉曜兼廟旺，以此突然發達進祿，所謂先貧後富、先小後大是也。

論大限十年禍福何如

（此文解釋在『紫微斗數全書詳析《批命篇》』第39頁起）

分星纏全吉，廟旺得地。無擎羊、陀羅、火鈴、空劫者，主十年安靜，人財全美。若限內有擎羊、陀羅、火鈴、空劫、忌星為伴，成敗不一。如宮分星纏陷地，值擎羊陀羅火鈴空劫忌，又加流年惡殺湊合，及小限巡逢凶殺，則官災死亡立見。大限將出有吉眾者無災悔，少者災多損人破財不利。

凡行至寅申巳亥子午宮，遇紫微、天府、天同、太陽、太陰、昌、曲、祿存祿主，吉星主人財興旺、添丁進口之慶。行至辰戌丑未卯酉，遇惡殺、廉貞、天使、羊陀、火鈴、空劫、忌星，主人酒色荒迷、貧乏死生。遇左右昌曲，仕宦遷官加職，士民生子發財，婦人喜事，僧道亦利，商賈得益。

凡大小二限及太歲怕行天傷、天使來夾地。怕行天空、地劫之地。怕行擎羊、陀羅之地，及羊陀沖照。怕脫凶限，怕逢凶限，又怕傷使、劫空、羊陀併夾。

歲限如天傷在子，天使在寅，歲限在丑宮乃併夾也。羊陀命尚且無用，況夾限乎？若逃得過，須看壽星，紫微、天同、天梁、貪狼坐命可解。更須看月值惡殺、日值惡殺加湊，大小歲、月、日、時五者，參詳吉凶推斷。太歲行至奏書、將軍、直符、天使、天傷、羊陀、火鈴、空劫、忌星，逢一、二位，主人離財散疾病哭泣之兆。

若歲限犯重月日一二位，又逢忌星合者，官吏遭謫，常人遭橫事，婦人損胎，病者死亡。若惡殺在不得地，如風雨暴過。若歲限臨無吉星，命中無救，其年難過必死。

論二限太歲吉凶

（此文解釋在『紫微斗數全書詳析《批命篇》』第42頁起）

須詳大限獨守吉凶何如？小限獨守吉凶何如？太歲獨守吉凶何如？歲限俱凶則凶。又看大限與小限相逢吉凶何如。大限逢太歲吉凶何如。小限逢太歲吉凶何如。禍福所定。

又看太歲沖大限小限，太歲沖羊陀七殺，然後可斷吉凶。

論行限分南北斗

（此文解釋在『紫微斗數全書詳析《批命篇》』第44頁起）

陽男陰女南斗為福　陰男陽女北斗為福

北斗諸星吉凶，大限斷上五年，小限斷上半年應。南斗諸星吉凶，大限斷下五年，小限斷下半年應。

論流年太歲逢吉凶星殺

（此文解釋在『紫微斗數全書詳析《批命篇》』第46頁起）

凡太歲看三方對照星辰吉凶何如以定禍福，太歲在命宮行者禍福尤緊，如命在子宮，太歲到子又癸生人，逢吉則吉逢凶則凶。

論陰騭延壽

（此文解釋在『紫微斗數全書詳析《批命篇》』第48頁起）

陰騭延壽生百福，雖然倒限不遭傷。假如有人大小二限及太歲到凶陷地，有延過壽去不死者，還是其人曾行陰騭，平日利物濟人、反身修德以作善降福，雖凶不害。如宋郊編荻橋渡蟻是也。又如諸葛亮火燒藤甲軍，傷人太毒，減壽一紀，當以此參詳。

論羊陀迭併

（此文解釋在『紫微斗數全書詳析《批命篇》』第50頁起）

如庚生人命在卯宮，遷移在酉宮，如遇羊、陀流年，亦庚祿居申，流羊在酉，流陀在未，是命在卯宮，原有酉宮擎羊沖合，流年又遇流年流陀，謂之羊陀迭併。

論七殺重逢

（此文解釋在『紫微斗數全書詳析《批命篇》』第52頁起）

如命中三合原有七殺守照，而流年又遇流年流陀沖照吉。七殺重逢二者為禍最毒，入廟災晦減輕。如陷地逢忌及卯酉遇擎羊為閣宮，午生人不利也。然七殺逢吉曜眾亦轉凶化吉，不可一概論凶。擎羊、陀羅、七殺逢紫微、天相、祿存三合拱照可解。

詩曰　羊陀迭併命難逃　七殺重逢禍必遭　太歲二限臨此地　十生九死不堅牢

論大小二限星辰遇十二宮遇十二支人所忌訣

遇此主災晦、官非、孝服、火盜、破財刑傷、死亡立見

（此文解釋在『紫微斗數全書詳析《批命篇》』第56頁起）

人生子命忌寅申

假如子年生人，切忌寅申歲限集晦至重，及忌子午歲限相沖。

丑午生人丑午嗔

假如丑生人忌午丑歲限，午生人亦忌丑午歲限，及忌七殺星災晦極重。

寅卯之人防巳亥

假如寅卯人忌巳亥歲限，及忌卯酉、寅申相沖。

蛇龍切忌本身臨

假如巳生人忌逢巳年及忌行到巳限。辰生人忌行辰年，又忌行到辰限為天羅，又忌行到戌，為地網。限遇此災晦疾厄之險、官非破財、憂制連連矣。

申人鈴火災殃重

假如申生人，忌逢火鈴二星，必忌災晦至重，及忌寅年沖。

未遇豬雞墓患般

假如未生人，忌逢酉亥歲限，又忌見擎羊在四墓宮。

戌亥羊陀須避忌

假如戌、亥生人，忌遇羊陀災重。戌生人又忌行到戌宮、歲限為地網，又忌行到辰宮歲限為天羅，謂之辰戌相沖不美。

酉人陀刃亦非親

假如酉生人亦忌羊陀星歲限，及忌行卯宮限，及卯年歲君相沖。

歌曰　豬犬生人莫遇蛇　辰戌切忌到網羅　預先整頓衣冠木　未免生人唱挽歌

論立命行限宮歌

（此文解釋在『紫微斗數全書詳析《批命篇》』第59頁起）

歌曰　金人遇坎命須傷　木命洛離有福殃　水遇艮宮應蹇滯　火來兌上禍難藏

又曰　土到東南逢震巽　須防膿血及驚慌　縱然吉曜相逢照　未免官災鬧一場

論太歲、小限星辰廟陷遇十二宮中吉凶 依此判斷，入行年災，息應如神

（此文解釋在『紫微斗數全書詳析《批命篇》』第62頁起）

子年太歲併小限到子宮入廟化吉

七殺、破軍在子宮守歲限，癸庚己生人發福。巨門、天機，乙癸生人發福。天府、天相、天梁，丁己庚人財旺遂心。又天同丙丁生人，財官雙美。

子年太歲併小限到子宮不入廟化凶

紫微在子宮守命，及歲限丙戊壬生人，悔吝破財災殃。

子年流年太歲所值吉凶星

祿存、天機、天同、太陰、昌、曲、輔、弼、破軍、天相、廉貞、武曲、天府、巨門、七殺，可斷其年人財兩美、事事遂心。若遇貪狼、紫微、天梁、忌星、太陽、擎羊，便斷人財耗散、官災孝服。本身災晦不寧，減半論之。

丑年太歲併小限到丑宮入廟化吉

（此文解釋在『紫微斗數全書詳析《批命篇》』第66頁起）

天機在丑守命，丙辛生人發旺。天相戊生人發旺。太陰、武曲，丙戊生人發旺。天府、廉貞，戊生人發旺。天梁丙戊辛生人發旺。

丑年太歲併小限到丑宮不入廟化凶

天機在丑宮守命，戊生人悔吝。太陽星甲乙生人悔吝。天府丙、辛、癸生人悔吝。天同、廉貞，丁庚生人招官非。

丑年太歲所值吉凶星

紫微、天相、天梁、太陰、天府、祿存、廉貞、破軍、昌、曲、天機、輔、弼，可斷其年事事遂心。若遇天同、巨門、武曲、貪狼、忌宿、太陽、擎羊，便斷其年人財耗散，官災口舌孝服，本身遭晦減半論之。

寅年太歲併小限到寅宮入廟化吉

（此文解釋在『紫微斗數全書詳析《批命篇》』第70頁起）

紫微、太陽、武曲、天梁、七殺，甲庚丁己生人，財官雙美。

寅年太歲併小限到寅宮不入廟化凶

廉貞、貪狼、破軍在寅，丙戊生人招官非，甲子生人不喜寅申歲限。

寅年太歲所值吉凶星

紫微、天府、天機、太陰、武曲、七殺、天同、天相、太陽、巨門、天梁，便斷其年人財進益作事遂心。若遇貪狼，陀、忌，便斷其年人財破散官非孝服，本身見災減半論之。

卯年太歲併小限到卯宮入廟化吉

（此文解釋在『紫微斗數全書詳析《批命篇》』第73頁起）

紫微、天機、太陽、天相、天府、天同、武曲在命，乙辛生人發旺。

卯年太歲併小限到卯宮不入廟化凶

廉貞甲丙生人橫破財，太陰甲乙生人財破災害，庚生人亦不宜，主災害。

卯年太歲所值吉凶星

太陽、天梁、紫微、天機、天同、天府、貪狼、巨門、七殺，即斷其年人財與旺、婚姻喜事重重、諸事稱心。若遇廉貞、破軍、太陰、天相、擎羊、忌宿，其年破財官災口舌，本身見晦減半論之。

辰年太歲併小限到辰宮入廟化吉

（此文解釋在『紫微斗數全書詳析《批命篇》』第76頁起）

紫微、貪狼、七殺在辰宮守命限，癸甲生人財官祿旺。天機、太陽，丁庚癸生人財祿發旺。天同，戊庚癸生人順遂。巨門丙辛生人遂意。

辰年太歲併小限到辰宮不入廟化凶

貪狼、武曲在辰，壬癸生人災晦。天同、巨門，丁庚生人災晦。廉貞，壬癸生人主災晦至重。太陰、太陽、天機，甲乙戊己生人災晦。

辰年太歲所值吉凶星

太陽、天機、天梁、七殺、貪狼、文昌、左輔、右弼，便斷其年財祿大進，益家道更興隆，添丁進口、婚姻、喜慶重重。若遇紫微、天同、廉貞、天府、太陰、巨門、天相、破軍、忌宿，便斷其年破財、孝服、官災、口舌。

巳年太歲併小限到巳宮入廟化吉

紫微、天府、天同、巨門、天相、天梁、破軍，丙戊辛生人發福。太陰、天機，丁壬辛丙生人進財。貪狼，甲戊生人平平。

巳年太歲併小限到巳宮不入廟化凶

巨門、貪狼，癸丙生人口舌災晦。太陰、破軍，災晦多端。

巳年太歲所值吉凶星

紫微、太陽、天同、天府、天梁、祿存，便斷其年人財稱意喜事重重，若遇武曲、廉貞、太陰、貪狼、巨門、天相、破軍、忌星，便斷其年人財損失、官災口舌，本身病患減半論之。

心。

午年太歲併小限到午宮入廟化吉

（此文解釋在『紫微斗數全書詳析《批命篇》』第85頁起）

紫微、太陽、武曲、天同、天梁、廉貞、七殺、破軍，丁己甲癸生人，進財遂心。

午年太歲併小限到午宮不入廟化凶

貪狼在午，丙壬癸生人破財官災口舌。

午年太歲值吉凶星

紫微、天府、天機、太陽、武曲、廉貞、天相、巨門、天梁、破軍、祿存，便斷其年人財與旺，婚姻喜事重重。若值太陰、貪狼、天同、羊陀、忌星，便斷其年人財破敗，官災口舌孝服，本身災厄可免。

未年太歲併小限到未宮入廟化吉

（此文解釋在『紫微斗數全書詳析《批命篇》』第90頁起）

紫微、天機、天府、天相、天梁，壬乙生人發福。太陰，庚壬生人發福生財。

未年太歲併小限到未宮不入廟化凶

太陽，甲乙生人多災晦。天同，丁庚生人多災。武曲壬癸生人生災招官非橫禍。

未年太歲所值吉凶星

紫微、天府、廉貞、天機、破軍、天相，便斷其年人財增益、作事如意、婚姻產育之喜。若遇太陰、太陽、武曲、天同、貪狼、巨門、羊陀、忌宿，便斷其年人財耗散、孝服官災、陰人小口不寧，本人災厄難免。

申年太歲併小限到申宮入廟化吉

（此文解釋在『紫微斗數全書詳析《批命篇》』第95頁起）

廉貞、破軍、紫微，甲庚癸生人發福。巨門，甲庚癸生人發福。天機，丁甲癸生人發福，庚生人亦發財發福。

申年太歲併小限到申宮不入廟化凶

天機，乙戊生人災晦。巨門，丁生人不宜。廉貞，丙壬生人有災。天同，甲庚生人災禍。貪狼，癸丙生人有災禍。

申年太歲所值吉凶星

紫微、太陽、廉貞、天府、巨門、七殺、文昌、武曲、祿存，便斷其年人財利益、喜事重重。若遇天機、天同、天梁、天相、太陰、破軍、忌星，便斷其年人財散失，官非孝服，本身災病。

酉年太歲併小限到酉宮入廟化吉

（此文解釋在『紫微斗數全書詳析《批命篇》』第98頁起）

紫微、天梁、太陰酉宮守命，丙戊乙辛生人，進財吉利。

酉年太歲併小限到酉宮不入廟化凶

太陽、天同，甲乙生人不宜。武曲，庚壬生人不宜。天相，甲庚生人不宜。廉貞，甲庚丙辛生人不宜。天府，甲庚壬生人不宜。

酉年太歲所值吉凶星

祿存、太陰、紫微、天府、昌、曲、左、右，便斷其年人財興旺、作事遂心。若值天機、巨門、武曲、廉貞、擎羊、陀忌，便斷其年人離財散，口舌官非。

戌年太歲併小限到戌宮入廟化吉

（此文解釋在『紫微斗數全書詳析《批命篇》』第104頁起）

紫微，壬甲丁己生人進財。太陰，丁己生人吉慶。武曲，丁己甲庚生人吉慶。天機，甲乙丁己生人發福。巨門，丁己辛癸生人發福。天同、廉貞、破軍、七殺，丁己甲生人發財。

戌年太歲併小限到戌宮不入廟化凶

貪狼，癸生人不宜。天同，庚生人不宜。天機，戊生人不宜。巨門，丁生人不宜。太陽，甲生人不宜。廉貞，丙生人不宜。武曲，壬生人不宜。

戌年太歲所值吉凶星

（此文解釋在『紫微斗數全書詳析《批命篇》』第109頁起）

天機、太陰、天梁、天府、武曲、七殺、貪狼、左右、天同，便斷其年人財利益、作事遂心、家道興隆。如遇巨門、太陽、破軍、紫微、天相、忌宿，便斷其年人財退失、孝服官災，本身見病減半論之。

亥年太歲併小限到亥宮入廟化吉

（此文解釋在『紫微斗數全書詳析《批命篇》』第110頁起）

紫微、天同、巨門、天梁，壬癸戊生人吉慶。天機，壬生人吉美。天相，丁己生人及丙戊生人發福。太陰，戊己生人財官雙美。

亥年太歲併小限到亥宮不入廟化凶

廉貞，丙壬癸生人不宜。武曲，壬丙生人不宜。太陽，甲生人不宜。

亥年太歲所值吉凶星

天同、太陰、天梁、紫微、天府、昌曲、祿存，便斷其年人財進益、喜氣重重、謀事俱稱心懷。若遇廉貞、破軍、七殺，便斷其年人財耗散、小口死亡，本身災晦。

論諸星同位垣各同所宜，分別富貴貧賤夭壽

紫微 廟 寅 丑未 旺 申亥 卯巳 平 子 無陷 （解釋在『詳析《批命篇》』第119頁起）

紫微居午無刑忌甲丁己命至公卿　加刑忌平常，刑乃擎羊也。

紫微居子午科權祿照最為奇　科權祿三方照是也，為仰面朝斗格。

紫微男亥女寅宮壬甲生人富貴同　同男女同也。

紫微卯酉劫空四殺多為脫俗之僧　四殺羊陀火鈴也。

紫微天府全依輔弼之功　紫府得輔弼同垣及三方拱照嘉會終身富貴。

紫府同宮無殺湊甲人享福終身　紫府同在寅申宮守命，六甲人富貴。

紫府朝垣並祿逢終身福厚至三公 命坐寅申，再加吉星妙。

紫府同臨巳亥一朝富貴雙全

紫府日月居旺地必定出位公卿器 紫午、府丑，無殺加又化祿是也。

紫府武曲臨財宅更兼權祿富奢翁 得左右祿存亦同。

紫微輔弼同宮一呼百諾居上品 或作三方為次吉，在財帛宮則為財賦之官。

紫府擎羊在巨商 得武曲居遷移者吉。

紫府夾命為貴格

紫祿同宮日月照貴不可言 紫微、祿存同宮，日月三合拱照。

紫微昌曲富貴可期

紫微七殺化權反作禎祥

紫微太陰殺曜逢，一生曹吏逞英雄

紫微破軍無左右無吉曜凶惡胥吏之徒

紫微武曲破軍會羊陀欺公禍亂 只宜經商。

紫微權祿遇羊陀雖獲吉而無道 為人心術不正。

紫微七殺加空亡虛名受蔭

紫破命臨於辰戌丑未再加吉曜富貴堪期

紫破辰戌君臣不義 安樂山趙高命是也。

紫破貪狼為至淫，男女邪淫

女命紫微太陽星，早遇賢夫信可憑

女命紫微在寅午申宮吉貴美，旺夫益子，陷地平常。子酉及巳亥加四殺，美玉瑕玷日後不美

天府

廟 子丑寅未　旺 午酉辰戌　地 卯巳申亥　無陷　（解釋在『詳析《批命篇》』第131頁起）

天府戌宮無殺湊甲己人腰金又且富　加四殺有疵。

天府天相天梁同君臣慶會

天府居午戌天相來朝甲人一品之貴

府相朝垣千鍾食祿　命寅申，府相在財帛、官祿宮朝者，上格，別宮次之。

天府祿存昌曲巨萬之資

天府昌曲左右高第恩榮

天府武曲居財宅更兼權祿富奢翁　有左右祿存亦美。

天相

廟 子丑寅申　地 巳未亥　陷 卯酉　（解釋在『詳析《批命篇》』第135頁起）

天相廉貞擎羊多招刑杖難逃　終身不美，招橫禍只宜僧道。

天相之星女命纏，必當子貴及夫賢　女命己生子宮，甲生午宮，庚生辰宮，俱是貴格。

右弼天相福來臨　女命天相右弼諸宮吉，子宮癸生人，寅宮癸己生人，申宮甲庚癸生人，俱是貴格。丑未亥宮不貴，子午卯酉皆少福。

天梁

廟 子寅辰午　旺 丑未　地 戌卯　陷 申巳亥

天梁月曜女淫貧　梁巳亥，陰寅申主淫佚，不陷衣祿遂如，陷下賤。

天梁居午位，官資清顯朝堂　丁己癸人合格

梁同巳亥，男多浪蕩、女多淫　加刑忌殺湊，多下賤。

天梁文昌居廟旺，位至臺綱

梁宿太陰卻作飄蓬之客　梁居酉、月居巳是也。

天梁加吉坐遷移　巨商高賈加刑忌平常。

天梁守照吉，相逢平生福壽　在午位極佳。

梁同機月寅申位，一生利業聰明　聲多不論。

天梁太陽昌祿會，臚傳第一名

梁武陰鈴，擬作棟梁之客

天梁天馬為人飄蕩風流

天同

廟 卯巳亥　旺 子申　陷 丑未酉午

（解釋在『詳析《批命篇》』第145頁起）

天同會吉壽元辰

同月陷宮加殺重技藝羸黃

天同貪羊陀居午位，丙戊鎮禦邊疆 為馬頭帶箭富且貴。

天同戌宮化忌丁人命遇反為佳

女命天同必是賢 子生人命坐寅，辛人命卯，丁人命戌入格。丙辛人命申吉，巳亥逢此化吉，雖美必淫。

天機

廟 子午辰戌　旺 卯酉　陷 丑未

（解釋在『詳析《批命篇》』第149頁起）

機梁會合善談兵，居戌亦為美論 孟子遷移，戌宮有機梁。

機梁守命加吉曜富貴慈祥 加刑忌，僧道。

機梁同照命身空，偏宜僧道 機同單守，命身又逢空亡。

機梁七殺破軍沖，羽客僧流命所逢 若兼帝座，加太陽吉。

機月同梁作吏人 命在寅申方論，加吉亦不論。無吉無殺亦是平常人，命四殺空劫化忌宿為下格。

機梁貪月同機會，暮夜經商無眠睡 遇凶星奔波。 天機加惡殺同宮狗偷鼠竊

天機巳宮酉逢好飲離宗奸狡重 巨陷天機為破格 女命在寅申卯酉，雖富貴不免慾下賤。寅申守照，福不全美。

太陽

廟 卯午　旺 寅辰巳　陷 戌亥子丑　（解釋在『詳析《批命篇》』第155頁起）

日照雷門子辰卯地晝生富貴聲揚 太陽居午庚辛丁己人富貴雙全

太陽文昌在官祿皇殿朝班 文曲同亦然。 太陽化忌是非日有目還傷

日落未申在命位為人先勤後懶

女命端正太陽星早配賢夫信可憑 太陽守命陷、平宮。居卯辰巳午，無殺，旺夫益子。

太陰

廟 亥子丑　旺 酉戌　陷 午寅辰巳卯。　（解釋在『詳析《批命篇》』第157頁起）

太陰居子丙丁富貴忠良 夜生人合局。 太陰同文曲於妻宮蟾宮折桂 文昌同亦然，在身命巧藝之人。

太陰武曲祿存同左右相逢富貴翁

太陰羊陀必主人離財散

月朗天門於亥地登雲職掌大權　子生人、夜時生、合局，不貴則大富。

月曜天梁女淫貪　太陰寅申巳多主淫貪或偏房侍婢。若貪狼文曲文昌同於夫宮，必招賢明之夫。

太陽太陰拱照

日巳月酉丑宮　命步蟾宮

日卯月亥安命未宮多折桂

日月同未命安丑侯伯之材

日月命身居丑未，三方無吉反為凶　子午辰戌身命更佳

日月守命不如照合並明　守命吉多主吉，凶多凶。若吉少，亦不為美之論。

日辰月戌並爭耀，權祿非淺

日月夾命夾財加吉曜不富則貴　加羊陀沖守宜僧。

日月最嫌反背　如日月同宮，看人之生時。日喜太陽，夜宜太陰。若反背日戌、月辰，日亥月巳、日子月午。若出外離宗成家也吉。勿概以反背論。

陰陽左右合為佳

日月羊陀多剋親

日月陷宮逢惡殺勞碌奔波

日月更須貪殺會男多奸盜女多淫

日月疾厄命宮空，腰駝目瞽　如日月在疾厄宮逢空亡，必主腰駝目瞽，命宮亦然。

文昌

廟　丑巳酉　地　申子辰　失陷　寅午戌

（解釋在『詳析《批命篇》』第170頁起）

文昌武曲為人多學多能　四墓卯酉巳亥身命論三方科權祿。

文科拱照賈誼年少登科　論三方。

左輔文昌位至三台

文昌武曲於身命文武兼備　孫臏之命是也。

文曲

廟　子辰巳酉丑　旺　亥卯未　陷　午戌

（解釋在『詳析《批命篇》』第172頁起）

二曲廟垣逢左右將相之　文曲宜子午酉，武曲宜四墓。

二曲旺宮威名赫奕　文曲子宮第一，卯酉宮次之。武曲辰宮第一，丑未宮次之。

二曲貪狼午丑限防溺水之憂

文昌文曲

（解釋在『詳析《批命篇》』第175頁起）

昌曲夾命最為奇　倘若命在丑宮，文昌在寅，文曲在子是也。不貴即富，吉多方論，此為貴格。

昌曲臨於丑未時逢卯酉近天顏　賈誼、卜商，昌曲未宮，命丑宮，在命兼化吉者方論。

昌曲巳亥臨不貴即當大富

昌曲吉星居福德謂之玉袖天香　更得紫微居午宮妙。

昌曲陷宮凶殺破，虛譽之隆　凶殺即羊陀空劫。

昌曲陷於天傷顏回夭折　命有劫空羊陀，限至七殺羊陀迭併方論。

昌曲己辛壬生人限逢辰戌慮投河　如入廟吉，大小二限俱到，命坐辰戌者一身輕。

昌曲廉貞於巳亥遭刑不善且虛誇　貪多作事顛倒，子申二宮貴吉多美。

昌曲祿存猶為奇特

昌曲破軍臨虎兔殺羊沖破奔波　虎兔即寅卯宮是也。

昌曲左右會羊陀當生異痣

女人昌曲聰明富貴只多淫

武曲

廟 丑未戌　旺 子午　平 巳亥　無失陷　（解釋在『詳析《批命篇》』第181頁起）

武曲廟垣威名赫奕　辰戌丑未生人安命在辰戌丑未宮主富貴，若不在辰戌丑未次之。

武曲相遇昌曲逢，聰明巧藝定無窮　武曲或與天相同垣逢昌曲。

武曲祿馬交馳發財遠郡

武曲遷移巨商高賈　吉多方論

武曲廉貞貪殺便作經商

武曲破軍破祖破家勞碌

武曲劫殺會擎羊因財持刀

武曲之星為寡宿　火星柔弱，婦奪夫權方免刑剋。若兩剛相歆必主刑剋生離。

武曲魁鉞居廟旺財賦之官

武曲貪狼財宅位橫發資財

武曲貪狼加殺忌技藝之人

武曲破貞於卯地木壓雷驚

武曲羊陀兼火宿喪命因財

貪狼

廟　辰未戌　旺　子午　陷　巳亥

（解釋在『詳析《批命篇》』第187頁起）

貪狼遇鈴火四墓宮豪富家資侯伯貴　辰戌宮佳，丑未宮次之，若守照俱可論吉。

貪狼入廟壽元長

貪狼會殺無吉曜屠宰之人

貪狼子午卯酉鼠竊狗偷之輩　終身不能有為　申子辰人命坐子宮，寅午戌人命坐午宮，亥卯未人命坐卯宮，巳酉丑人命坐酉宮是也。

貪狼加吉坐長生壽考永如彭祖　寅午戌火生人命坐寅木申金

貪狼巳亥加殺不為屠戶亦遭刑　享福不久。

貪狼同行晚景邊夷神服　三十年後發財，坐命武曲守照，辰戌宮佳，丑未宮次之。

貪狼先貧而後富　利己損人。命有紫微日月左右昌曲，限逢祿權科則貴論。

貪狼申宮為下格　化忌方論。

貪狼加殺同鄉，女偷香而男鼠竊

貪武四生四墓宮破軍忌殺百工通

貪狼武曲同守身無吉命反不長　命無吉曜身有貪武孤貧。

貪狼破軍無吉曜迷戀花酒以忘身　或作手藝。

貪月同殺會機梁，貪財無饜作經商

貪狼廉貞同度男多浪蕩女多淫

貪遇羊陀居亥子名為泛水桃花　男女貪花迷酒喪身，有吉曜則吉。

貪狼陀羅在寅宮號曰風流彩杖

女命貪狼多嫉妒　在亥子遇羊陀，嫉妒之流，逢祿馬不美。

廉貞

廟　寅申　利　辰戌丑未　陷　巳亥

（解釋在『詳析《批命篇》』第196頁起）

廉貞申未宮無殺富貴聲揚播遠名　雄宿朝元格，加殺平常。

廉貞卯酉宮加殺公胥無面官人　或巧藝人。

廉貞暗巨曹吏貪婪

廉貞貪殺破軍逢武曲遷移作吏戎　恐是文曲。

廉貞七殺居廟旺反為積富之人　殺居午，奇格。若陷地化忌，貧賤殘疾。

廉貞破火居陷地自縊投河

廉貞七殺居巳亥流蕩天涯

仲由威猛廉貞入廟會將軍　甲生人命坐酉，乙生人命坐亥，丙戊生人命坐酉，丁己生人命坐寅，庚生人命坐子，辛生人命坐卯，癸生人命坐申。

廉貞四殺遭刑戮　同羊陀火鈴是也。若安佈此星同必遭刑戮終身。

廉貞白虎刑杖難逃　流年太歲併小限坐宮又值白虎加臨主官非遭刑杖。

廉貞破殺會遷移死於外道

廉貞羊殺居官祿枷杻難逃

廉貞清白能相守　女人甲己庚癸，安命申酉亥子宮。丙辛乙戊，安命寅卯巳午是也。若辰戌丑未反賤。

巨門

廟	旺	平
卯寅申酉	子丑午亥	辰巳未戌

（解釋在『詳析《批命篇》』第201頁起）

巨日寅宮立命申先驅名而食祿

巨日命宮寅位食祿馳名

巨日申宮立命寅馳名食祿

巨門子午科權祿石中隱玉福興隆

富而子貴，辛癸人上格，丁己人次之。丙戊生人主困。

巨日命立申宮亦妙

巨在巳宮日命亥反為不佳

巨機居卯乙辛己丙至公卿

不貴即富。甲人平常，何也？因甲祿到寅，卯宮有擎羊破格耳。

巨機酉上化吉者縱有財官也不終

如值孤貧多有壽，巨富即夭亡，加化忌尤凶。若太歲在遷移宮，財宮化祿。

巨門辰宮化忌辛人命運反為奇

巨門陀羅必生異痣

巨門四殺陷而凶

巨火鈴星逢惡限死於外道

巨在亥宮日命巳食祿馳名

巨日拱照亦為奇

假如日午宮，巨在戌宮是也。吉多方論日忌陷。

巨機丑未為下格

巨門羊陀於身命疾厄羸黃困弱盜而娼

巨火擎羊陀逢惡曜防縊死投河

巨宿天機為破蕩

女命巨機於卯酉，雖富貴不免淫佚若陷地下賤。

七殺

廟 丑寅未 申戌　旺 子午 卯酉　平 巳 亥　無陷（解釋在『詳析《批命篇》』第208頁起）

七殺寅申子午一生爵祿榮昌　為七殺朝斗格。

七殺破軍專依羊鈴之虐

七殺廉貞同位路上埋屍　觀廉貞內註，會耗於遷移亦然，若陷地加化忌由凶。

七殺破軍宜出外，諸般手藝不能精

七殺臨身命流年刑忌災傷　逢紫微、天相、祿存，可解。

殺臨絕地會羊陀顏回夭折

七殺重逢四殺腰駝背曲陣中亡　殺與鈴火，主陣亡又有疾厄。

七殺羊火貧且賤屠宰之人　七殺羊陀會生鄉

七殺羊鈴流年白虎刑戮災迍

七殺流羊遇官符離鄉遭配　歲限俱到。

七殺守照歲限擎羊午生人　命安卯酉宮主凶亡　餘宮亦忌，命限三合七殺流年羊刃到命，即七殺重逢

七殺沈吟福不榮　男有威權，女無所施。

七殺臨身終是夭

七殺單居福德女人切忌賤無疑

破軍

廟 子午　旺 辰戌丑未　陷 寅申　（解釋在『詳析《批命篇》』第212頁起）

破軍子午宮無殺官資清顯至三公　甲癸生人合格，丁己生人次之，丙戊生人主困。

破軍貪狼逢祿馬男多浪蕩女多淫

破軍暗巨同鄉水中作塚　破與巨不同垣，恐照命宮或犯遷移。

破軍火鈴奔波勞碌

破軍一曜性難明　男女命論

破耗羊鈴官祿位到處乞求　又貪狼在子午卯酉者，看貪狼內註。

羊鈴

廟 辰戌丑未　旺 子申酉亥　陷 卯巳午　（解釋在『詳析《批命篇》』第215頁起）

擎羊入廟富貴聲揚　加吉方論。

羊火同宮威權壓眾　辰戌人佳，丑未次之。

羊陀鈴火守身命腰駝背曲之人

擎羊丑午卯酉非夭折則刑傷　午凶卯次之，子酉又次之，馬頭帶劍，吉多勿論。

擎羊逢力士李廣難封　甲生人命卯，丙生人命午，庚生人命酉，壬生人命子，吉多平常，加殺則凶。

羊陀火鈴逢吉發財凶則忌

羊鈴坐命流年白虎災傷　流年白虎又到命宮也。

擎羊對守在酉宮歲迭羊陀庚命凶　餘宮亦忌，守命宮有羊陀，流年遇羊陀為迭併。

羊陀夾忌為敗局　假如安命在申宮又逢忌星，羊在酉、陀在未夾之，餘要倣此為例。命、歲二限行至此亦凶，孤貧刑剋。若單守祿存無吉星同垣，亦有災殃之凶。

羊陀流年鈴，破面有斑痕。一擎羊火星為下格

擎羊重逢流羊西旋殞身　歲限重逢

陀羅　廟 辰戌丑未　陷 卯酉　地 子亥

（解釋在『詳析《批命篇》』第219頁起）

陀羅巳亥寅申非夭折則刑傷　余識得多離祖，出外成家者亦吉，主生人有破相。

火星　廟 寅午戌　地 巳酉丑　陷刑

火鈴相遇名振諸邦

火鈴夾命為敗局　如命安寅申，火星在丑、鈴星在卯，吉多尚可。惟夾忌，辰凶、歲限巡逆者，此地亦凶。

鈴星

廟 寅卯午戌　地 辰巳未申　陷 子亥酉丑

（解釋在『詳析《批命篇》』第221頁起）

火鈴旺宮亦為福論

擎羊火鈴為下格　女人廟旺猶可，陷地下賤貧窮夭折。

魁鉞

魁鉞夾命為奇格　如命安在辰宮，魁在卯、鉞在巳宮是也。

魁鉞命身多折桂　加吉方論，在命身最妙，三方次之。

（解釋在『詳析《批命篇》』第223頁起）

魁鉞昌曲祿存扶，刑殺無沖台輔貴　命身妙，三方次。見刑殺沖會者平常，只宜僧道。

魁鉞重逢殺湊痼疾尤多　殺乃羊鈴空劫。

魁鉞輔星為福壽　二星在命身諸宮福壽雙全。

左輔右弼

左右文昌位至台輔

（解釋在『詳析《批命篇》』第226頁起）

左右夾命方貴格　如安命在丑宮，左輔在子宮，右弼在寅宮，四、七、十一月生者是也，若不貴則大富。

右弼左輔終身福厚　在命宮、遷移是也，三方次之。

左右同宮披羅衣紫　辰戌宮安命，正月、七月生者；丑宮安命，九月生者；未宮安命，四月生者；卯酉宮安命，六月、十二月生者，三方勿論。

左右單守照命宮離宗庶出　身命無正曜是也。若三方合紫微、天相、天府吉。

左右貞羊遭刑盜

左右昌曲逢羊陀當生暗痣

左右財官兼夾拱衣祿豐盈

左右魁鉞為福壽　三星在命宮，福壽全美，若女命逢之旺夫益子。

右弼天相福來臨　諸宮遇福。丑未亥三宮不貴，縱貴不久遠。前當主富，若卯酉二陷宮少稱心遂意。

祿存

十二宮中皆入廟

（解釋在『詳析《批命篇》』第229頁起）

祿存守於財宅積玉堆金　在命亦可，喜化祿同科權更妙。

祿存子午位遷移身命逢之利祿宜

明祿暗祿至公卿

雙祿重逢終身富貴

祿逢沖破吉也成凶

雙祿守命呂后專權

祿存厚重多衣祿　諸宮降福，起家富貴。女人嫁夫招贅旺財。

（解釋在『詳析《批命篇》』第231頁起）

天馬

祿馬最喜交馳　忌見殺羊火截路空亡，多主勞苦。

天馬四生妻宮富貴還當封贈　馬遇空亡終身奔走

（解釋在『詳析《批命篇》』第234頁起）

科權祿

科權祿合富貴雙全　化祿存亦是祿，化祿會祿存富貴全。權會巨武英揚，科會魁鉞貴顯。在命宮極佳，三方次之吉聚亦佳。凶多則不美，謂之美玉瑕玷。

祿科命逢合吉威權壓眾相王朝　權祿重逢財官雙美　論三方吉多方吉，凶眾也不美。

科命權朝登庸甲第　或權或祿全更佳，為言祿逢迎格。

化祿子午位遷移夫子文章冠世　遷移在子、午宮，為對面朝天格，子命太陽化祿在午宮合此格。餘宮要看吉凶。

科權祿夾為貴格　如命安在子宮、祿存亥宮、權在丑宮，為夾貴，皆餘倣此。　權祿重逢殺湊虛譽之隆

科名陷於凶神苗而不秀　如日戌、月卯、化科陷地，或又加羊陀劫空。　祿主纏於弱地命不主財

權祿守財福之位處世榮華

權祿吉星奴僕位縱然官貴也奔波

劫空

劫空夾命為敗局　假如命安在亥宮，劫在子宮、空在亥宮是也，歲限行到亦凶，夾忌亦凶，孤貧刑傷。

（解釋在『詳析《批命篇》』第237頁起）

劫空臨限楚王喪國綠珠亡

生處劫空猶如半天折翅　劫空臨財福之鄉生來貧賤

（解釋在『詳析《批命篇》』第238頁起）

傷使

天傷加惡曜仲尼絕糧鄧通亡

命宮

三夾命凶六夾吉　三夾是劫空火鈴羊陀是也。六夾是紫府左右昌曲魁鉞科權祿日月是也。若在命如凶多吉少，雖吉也凶。如吉多凶少，雖凶也吉，身命三方乃看廟旺。

（解釋在『詳析《批命篇》』第240頁起）

命無正曜二姓延生　或過房出贅或又是庶母所生者。

命逢吉曜松柏清秀以難凋　身命官有吉星太歲，大小二限不利未為凶。必太歲二限有凶，又且本生人所忌方凶。

限逢凶曜柳綠桃紅而易謝　命逢凶限，廟旺猶發達，限凶星陷必凶。

命實運生如旱苗而得雨　如命限平常，三方有吉星，如限行美地為福。

命衰運弱如嫩草而遭霜　如命坐陷忌，歲限又逢惡曜，必刑傷死亡。

命有吉星官殺重，縱有財官也辛苦

身宮

三夾身凶六夾吉　夾忌劫空火鈴羊陀凶，六夾貴逢吉甚妙。

（解釋在『詳析《批命篇》』第243頁起）

身命俱吉富貴雙全
身吉命凶亦為美論
命弱身強財源不聚
貪武守身無吉命反不為良

納音

納音墓庫看何宮　如水生人庫辰遇財官或祿存尤妙，遇遷移耗殺同，為不美。

生逢敗地發也虛花　如年納音水土，長生見甲申，乃金星為水宮之主，若安命在酉，敗地又逢羊陀忌耗七殺同，不美。得祿存吉。

絕處逢生花而不敗　如水土絕在巳，安命在巳，得金星在巳，生水不絕方位得祿。

（解釋在『詳析《批命篇》』第244頁起）

財帛

日月夾財加吉曜不貴則富　如財帛宮在未，天府星守日在午，月在申夾財是也，餘倣此。

（解釋在『詳析《批命篇》』第249頁起）

左右財官兼夾拱衣祿豐隆　如左右同財帛宮，又或財宮在丑，日在子、月在寅，乃是夾也。

（解釋在『詳析《批命篇》』第251頁起）

財宅

紫微輔弼多為財賦之官

武曲太陰多居財賦之任　不是武曲、太陰同限度，取財帛宮遇武曲或遇太陰星，主為人多居財賦之任。

紫府武曲居財帛更兼權祿富奢翁

武曲、貪狼財宅橫發資財　忌空亡。

祿存守於財宅堆金積玉

（解釋在『詳析《批命篇》』第252頁起）

財福

權祿守財福之位出世榮華

劫空臨財福之鄉生來貧賤

批命(一)

（此文解釋在『詳析《批命篇》』第254頁起）

紫微守命坐寅方，天府同宮最妙。左右昌曲合，加會兩相幫。七殺朝拱掌握威揚，寅午戌合，星斗明朗。再詳命主某星循良壽元，乘旺富壽無疆。台輔暗拱、景星鳳凰、天門月照、聲價琳瑯、光射斗牛、普照四方。身星坐某福履康莊、五行無剋、藍玉生光，注人瑰瑋、邦家柱梁。佳人破軍、重卜坤裳、四官坐貴、三杰傳芳。

茲行某叟吉星之鄉，名登仕籍日、出扶桑、崢嶸頭角、烏帽錦裳、雙南溢笥、九粟盈倉、維皇眷德、福壽陵崗、蟾從蠋後、愈暢輝光。來春某月。左輔文昌化科得令，政績著揚。某年某星，夜雨滯湘、財丁損抑、骨肉參商、愬愬終吉、視履考祥。

喬遷某限，彩鳳翱翔、出司郡佐、報績聖皇、希蹤卓魯、接武龔黃、部院綵檄、交馳旌揚、名崇五岳、利湧三湘、肖嗣脫穎、蘭吐天香。某限達陀，尤見剝床。某星救護、薏苡蕭墻、秋風乍起、蓴鱸味香、逢冠高掛、榮旋錦堂。十年某限，福壽寧康、重裀列鼎、冠蓋鏘鏘、天壽星輔、愈熾愈昌、華封又祝、嘖嘖道傍，惟到某星，雲掩無光、梁木其壞、哲人云亡。

又

（此文解釋在『斗數全書詳析《批命篇》』第260頁起）

祿存午垣巨門，石中隱玉，名彰逢生無剋，理參詳三方四正。吉星壽等陵崗。右弼歸垣，互守化權，掌握鏗鏘，身宮魁鉞拱，貴格豈尋常，注人丰神，卓偉表表，景星鳳凰，胸懷今古富琳瑯，功名應有待，何必恁惶惶。次究星命。某星逢得地，高強奇哉！金水會蛇鄉，文昌文曲盡光芒，加會得照合，定擬發科場。官福二宮星美，生平作事端莊。

身居奴僕靜中忙，妻宮逢七殺，正副免刑傷。子宮孳羊作踐，先虛後實輝煌。現今限步正輝光，早奪焚舟計，雷劍吐光芒。小限恩光台輔，文宋取試，名揚觀場，補廩喜洋洋。流昌曲星集，誰識一穿楊。

某限行來顯達，中年貪武為良。門庭生色喜非常，財源春水漲，志氣吐肩揚。某年忌某星宜慎內外傷憂，尤宜懲忿懲，親善遠奸狂。某仍交來七殺紫微，制服禎祥，巍然超拔聲名香。拜官居百里，德政媲龔黃。某年有所畏忌，須知到此驚慌。尚喜某星為福，依然福履無疆。

行交某限十年康，部院馳綵檄，黔庶植甘棠。某限桑榆暮景，東籬陶菊金黃，尊罏美味逕三荒。二疏從解組，看子紹書香。某年某星為忤，某星相黨相戕，俄然一夢熟黃梁，哲人其萎矣，空為裂肝腸。

又

（此文解釋在『斗數全書詳析《批命篇》』第265頁起）

破軍入廟勢汪洋，專權掌握振八方。七殺稜稜司正令，貪狼照合得相幫。分明有倚無偏黨，文武林能佐廟廊。制服擎羊還有氣，凜凜威風孰敢當。次究星盤無陷落，水歸亥子定榮昌。命主星臨官祿位，烏紗黑髮不尋常。文昌七殺臨旺地，喜居巳酉得循良。入廟相生宜子午，重權高爵不須量。斗星布列腰金客，數局推明衣紫郎。注人志氣凌霄漢，魁梧儀表貌堂堂。椿樹萱花沾寵渥，堦前棠棣並芬芳。佳人天相星偕老，森森丹桂紫微郎。試看於今行某限，星佳福集助身強。流年奇遇科權祿，科甲文昌會吉祥。利鎖名強俱得意，爭看騰踏早飛黃。金門待漏迢迢夜，榮錫烏紗到鬢霜。就此拜官榮梓里，牛刀小試向琴堂。某年交卸前運後，吹徹梨花覆道傍。某限交來某星好，乘風之鳥順風船。六六東西仍謹慎，休臨蜀道與羊腸。親疏內外防憂併，刮地西風起白揚。再交某限輔弼美，輔身守照喜洋洋。調和鼎鼐為舟楫，金甌覆姓理朝嗣。還看肖嗣遊上國，封章又賀沐恩光。某限猶忌作禍，寒蟬哽咽噪斜陽。傷情淚滿關山淚，陡頓災生有幾場。某年行來仍舊好，赫赫聲名震朔方。仕路悠悠八卦外，功名衣錦得還鄉。六旬幾歲將傷壽，花落無聲滿地香。雲暗鼎壺猶去遠，月明華表鶴歸忙。

又

（此文解釋在『斗數全書詳析《批命篇》』第270頁起）

星守命性極靈，金白偏宜水愛清。金生水垣得依仗，文昌及第是蘭馨。今日暫為白屋子，欣看他年榮祖親。注人顯異魁梧表，詞館文章可立身，堂上椿萱盡怙恃，湊雲鴻雁喚來賓。佳人早中雀屏選，繼後徐卿拔等倫。且道於今童庚事，月彌百日稍邅迍。一週千日仍災咎，花防驟雨損根荄。幸賴星盤有吉曜，妖霾掃盡見詳氛。年臨幾歲初行限，萬紫千紅總是春。某年祿馬逢地空，中年皓月被雲迷。年過二八行某限，簾幕風輕蘭麝薰。洞房花燭搖金影，盈門百輛車聲鄰。書義精微勤究謀，放心收歛莫他求。某年某星花上錦，災消福集喜頻頻。若問終身非小就，何讓當年春楚申。某年某二星守，祿馬扶身喜氣臻。時習工夫勛勉力，養成頭角沖牛斗。脫交某限某星亮，鹿鳴佳晏賦詩歌。從此某地文運轉，廷式對策金鑾殿。宮花斜插醉瓊林，滿門富貴咸稱羡。某年某限須有厄，未免災疾與丁憂。交衣某限非常妙，高遷爵位秩加增。君家何幸有此際，三四十年祿位峨。生前姓字題金榜，身後文章不朽磨。

又

（此文解釋在『斗數全書詳析《批命篇》』第273頁起）

天相未垣真可羡，對宮某宿喜朝垣。身星輔弼來加會，三方會吉無刑戰。台輔到命不逢空，盛世英才從此見，焚膏繼晷向芸窗，篤志穩期登月殿。趨庭聞禮與聞詩，少年懷抱溫公見。機關百出邁群兒，智識謀深應不淺。雙親百歲沐恩榮，棠棣田真可共倫。佳人金石同偕老，丹桂傳芳朵朵馨。某限某星善入廟，青燈夜雨要留心，氣質陶鎔人俊雅，二八遊芹壓世英。某限之年廿五，文昌科祿吉星臨。百步穿楊應一箭，春闈秋榜占先魁。承恩出仕花封縣。重陞重擢樂陶陶。銀帶換卻金帶旋，六六前後六七傍，惡星作禍憂當見。某官某星喜又來，滾滾紅塵拂人面。官居憲副卻歸來，稀壽慳慳猿鶴怨。

又

（此文解釋在『斗數全書詳析《批命篇》』第275頁起）

貪狼遇火局申垣，戊己生人合格。妍破軍、七殺相扶照，何方惡殺在，任水纏，據此斗數之理論。青年擬著祖生鞭。魁鉞三合身命內，科祿夾命主希賢，前後星曜有循序，何憂富貴不雙全。椿樹萱花臻福祉，階前棠棣樂翩翩。佳人賢淑同偕老，繼後雙成朵朵鮮。且論如今在某限，猶如花柳競春妍，放心收卻歸腔子，須坐韓氈與鄭氈。越歲相看符吉夢，笑賀重聞湯餅筵。某星到某文星，光射斗牛邊，芹宮水煖魚龍化，名掛儒林翰墨香。脫某星看某年近，乘風休駕子陵船。某年喜會某星美，食廩科場妙莫言。花如羅綺春光艷，又喜重重俊賢。四八東西左與右，喜中尤慎有憂愆。某年流祿科星集，鹿鳴晏上許爭先。金勒馬嘶芳草地，玉樓人醉杏花天。拜官百里聲名振，子繼書香孫又賢，二十餘年重擢職，佇看金帶繫腰纏。壽元某歲裡談笑入桃源。

又

（此文解釋在『斗數全書詳析《批命篇》』第279頁起）

命旺身強格理良，三方四正吉星彰，天梁廟午守命局，化祿清高貴莫當。天壽台輔強左右，夾局喜非常。化祿化權交加拱，定拜皇恩入帝鄉。百歲雙親膺紫誥，二宮逢陷雁孤單，貞臨三位配賢淑，良子星得地克紹書香。且論目今行某限，某生不喜見擎羊，一交某限吉星聚，遊泮還期幫補糧，當此步蟾而析桂，鹿鳴晏上喜揚揚。藍袍脫換青袍著，閭里爭先覩道傍。燦燦奎婁聯碧漢，錚錚絲竹奏絃樓。再入某限科祿地，春闈三戰奪魁名。官居縣令承恩寵，廣施善政牧斯民。男兒大志從斯展，到此英名正烈轟。某限也應防一厄，梧崗風木慎憂刑。幸得尚有祥星集，蟾從觸後展光明。某限官鄉名顯赫，重陞拔擢耀神京。于公大廈容重馬，謝氏芝蘭庭下生，古稀一到春光逝，唱罷陽關別故人。

批命(二)

(此文解釋在『詳析《批命篇》』第283頁起)

紫府同宮旺，喜得輔弼纏。才官兼吉曜，名利自然全。當生不合局，格理難將貴，宿作虛言。三方又見擎羊混，應別青雲足下生。妙得金星司財庫，期君早富並春申。命主臨財財巨萬，著星守命福盈餘。縱逢剋化何為害，君子小人涇渭分。太陽星陷父先逝，太陰光照母年延。棠棣花枝墜，惡殺在其垣。貪狼居妻位，硬配沒刑前，子宮北斗兼南斗，彩蓮先見後麒麟。試論於今限某星，此星惡虐要調停，落花不是無春色，只為春光轉換頻。某歲又交某星限，某星得地主昌榮，更妙喜色重重吉，明珠常捧掌中珍。向陽花木春無限，得水魚龍氣象新。四九年臨某限裡，車行蜀道阻其輪。交來某限星廣旺，雨過江山一畫屏。東鄰告偕紛然至，西室償錢不住停。某年某限行吉地，人安物泰喜洋盈，田畔添田屋伴屋，樓豎凝月紫連雲。某年之內某月裡，八珍湯散服頻頻。尚幸大限無忌殺，還誇老景愈安寧。老梅經雪香猶在，佇看芝蘭絕勝榮。某年之內春已艾，子規啼罷恨長城。

你的財要怎麼賺

法雲居士⊙著

這是一本教您如何看到自己財路的書。

人活在世界上就是來求財的！財能養命，也會支配所有人的人生起伏和經歷。心裡窮困的人，是看不到財路的。你的財要怎麼賺？人生的路要怎麼走？完全在於自己的人生架構和領會之中，法雲居士利用紫微命理為您解開了這個人類命運的方程式，劈荊斬棘，為您顯現出您面前的財路。

你的財要怎麼賺？盡在其中！

紫微星曜專論

法雲居士⊙著

此書為法雲居士重要著作之一，主要論述紫微斗數中的科學觀點，在大宇宙中，天文科學的星和紫微斗數中的星曜實則只是中西名稱不一樣，全數皆為真實存在的事實。

在紫微命理中的星曜，各自代表不同的意義，在不同的宮位也有不同的意義，旺弱不同也有不同的意義。在此書中讀者可從法雲居士清晰的規劃與解釋中，對每一顆紫微斗數中的星曜有清楚確切的瞭解，因此而能對命理有更深一層的認識和判斷。

此書為法雲居士教授紫微斗數之講義資料，更可為誓願學習紫微命理者之最佳教科書。

簡易大六壬神課詳析

法雲居士⊙著

『六壬學』之占斷法是歷史上最古老的占卜法。其年代可上推至春秋時代。
『六壬』與『易』有相似之處，都是以陰陽消長來明存亡之道的卜術。學會了之後很容易讓人著迷。它也是把四柱推命再繼續用五行生剋及陰陽等方式再變化課斷，以所乘之神及所臨之地，而定吉凶。

新的二十一世紀災難連連，天災人禍不斷，
卜筮之道中以『六壬』最靈驗，
但大多喜學命卜者害怕其手續煩雜，
不好入門，特此出版此本簡易篇以解好學者疑義。
並能使之上手，能對吉凶之神機有倏然所悟！

法雲居士⊙著

《紫微命理子女教育篇》是根據命理的結構來探討小孩接受教化輔導的接受度，以及從命理觀點來談父母與子女間的親子關係的親密度。

通常，和父母長輩關係親密的人，
是較能接受教育成功的有為之士。
每個人的性格會影響其命運，因材施教，
也是該人命運的走向，故而子女教育篇實
是由子女的命格已先預測了子女將來的成就了。

如何選取喜用神

(上冊)選取喜用神的方法與步驟
(中冊)日元甲、乙、丙、丁選取喜用神的重點與舉例說明
(下冊)日元戊、己、庚、辛、壬、癸選取喜用神的重點與舉例說明

每一個人不管命好、命壞，都會有一個用神和忌神。
喜用神是人生活在地球上磁場的方位。
喜用神也是所有命理知識的基礎。
及早成功、生活舒適的人，都是生活在喜用神方位的人。
運蹇不順、夭折的人，都是進入忌神死門方位的人。
門向、桌向、床向、財方、吉方、忌方，全來自於喜用神的方位。
用神和忌神是相對的兩極。
一個趨吉，一個是敗地、死門。
兩者都是人類生命中最重要的部份。
你算過無數的命，但是不知道喜用神，還是枉然。
法雲居士特別用簡易明瞭的方式教你選取喜用神的方法，
並且幫助你找出自己大運的方向。

命理生活新智慧・叢書

《上、下》一套

◎法雲居士◎著

全世界的人在年暮歲末的時候，都有一個願望。都希望有一個水晶球，好看到未來一年中跟自己有關的運氣。是好運？還是壞運？

中國人也有自己的水晶球，那就是紫微命理精算時間的法寶。在紫微命理中不但可看到你未來一年的命運，更可以精確的看到你這一生中每一個時間，年、月、日、時的運氣過程。非常奇妙。

『如何推算大運・流年・流月』這本書，是法雲居士利用紫微科學命理教你自己學會推算大運、流年、流月，並且包括流日、流時等每一個時間點的細節，讓你擁有自己的水晶球，來洞悉、觀看自己的未來。從精準的預測，繼而掌握每一個時間關鍵點。

這本『如何推算大運・流年・流月』下冊書中，

法雲居士利用紫微科學命理教你自己來推算大運、流年、流月，並且將精準度推向流時、流分，讓你把握每一個時間點的小細節，來掌握成功的命運。

古時候的人把每一個時辰分為上四刻與下四刻，現今科學進步，時間更形精密，法雲居士教你用新的科學命理方法，把握每一分每一秒。

在每一個時間關鍵點上，你都會看到你自己的運氣在展現成功脈動的生命。

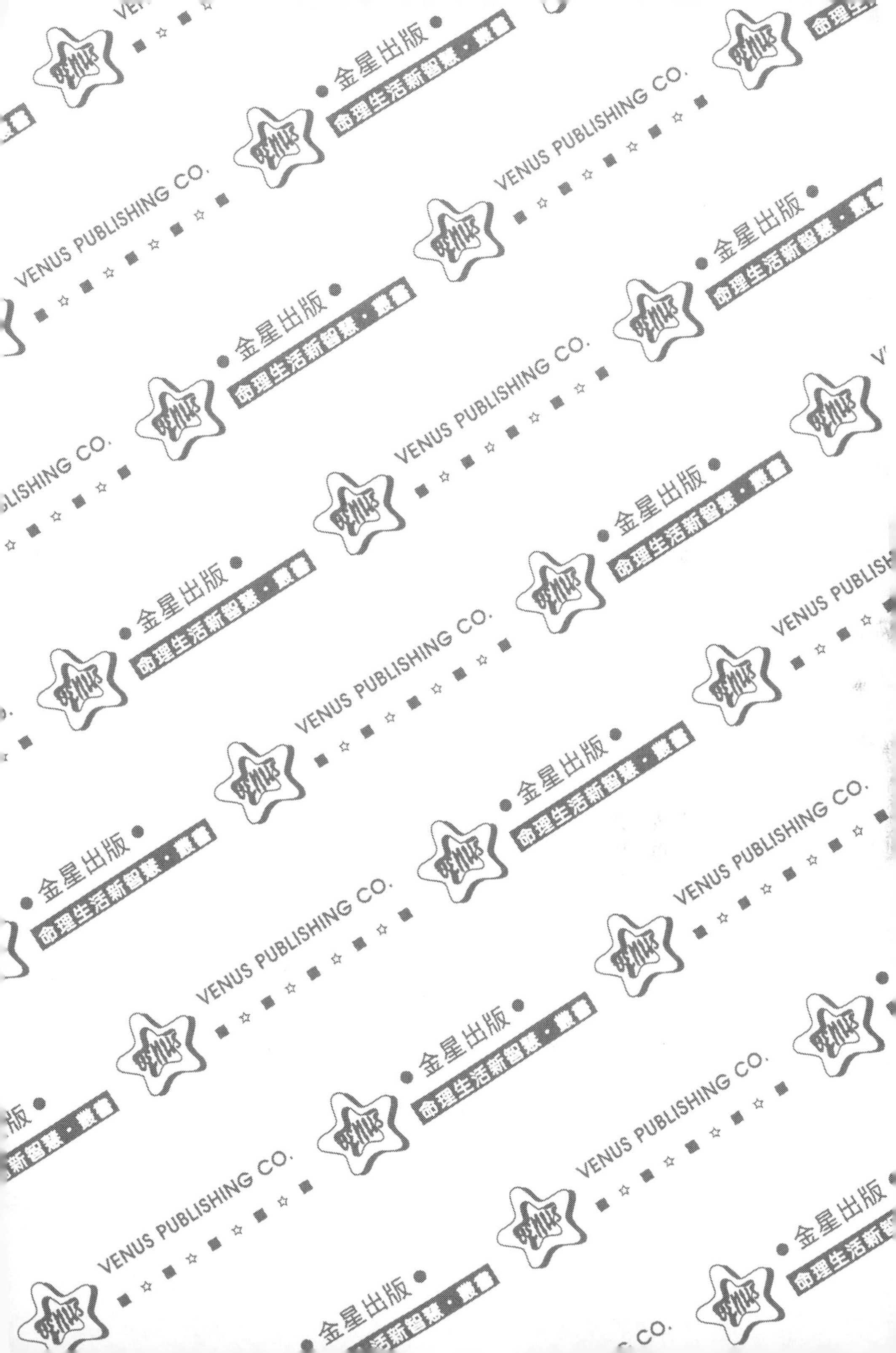
金星出版
命理生活新智慧・叢書
VENUS PUBLISHING CO.